KB236618

[일러두기]

- 이 책은 일본 독자를 대상으로 집필된 원문을 한국 실정에 맞춰
  번역 및 편집하였습니다.

- 본문에 등장하는 일본 엔화는 독자의 이해를 돕기 위해 일부
  2026년 2월 기준의 환율을 적용하여 한화로 환산하였습니다.

- 본문의 투자 정보 및 관련 법규는 일본을 기준으로 하고 있으므로,
  실제 투자 시에는 국내 자본시장법 및 관련 제도를 확인하시기 바랍니다.

평생 돈 걱정 없이 사는 사람이 된다

사야 타카고로모 지음

정유진 옮김

자산을 불리는 **포트폴리오 매니지먼트**

인생을 디자인하는 **밸류파이어**

노엔북

목차

제4장 경제적 자립에 필수적인 「뇌와 마음의 전환」

제5장 경제적 자립을 위한 「투자 뇌」 개발 워크

프롤로그

최근 투자를 시작했지만, 기대만큼 성과를 거두지 못했거나, 심지어 소중한 자산을 잃었다는 이야기가 빈번하게 들려옵니다.

이 책은 이처럼 돈을 잃고 막다른 길에 들어서서 「내가 이렇게 처참한 실패를 겪게 될 지 예상도 못했다. 남은 내 자산은 이제 어떻게 관리하면 좋을까?」라는 고민에 빠져 있거나, 「역시 투자는 나와 맞지 않다」고 좌절하고 포기하려는 분들이 꼭 정독해 주셨으면 하는 마음으로 썼습니다.

개인 투자자도 꼭 알아야 할 「프로들의 투자법」

저는 소위 「기관 투자자」를 대상으로 하는 펀드 매니저로서, 20년 넘게 투자 대상 기업의 재무 분석과 거시 경제를 분석했고, 4천 억 엔(약 3조 7천억 원) 규모의 자산 리스크 관리 등을 총괄해 왔습니다. 이 책은 바로 저의 「자산 운용 전문가」로서의 관점에서, 일반 개인 투자자나 투자를 막 시작하려는 초보자들이 꼭 알아야 할 내용을 담은 것입니다.

이 책에서 다루는 **핵심내용은 대다수의 개인 투자자들이 아직**

실행하지 못하고 있는 「포트폴리오 매니지먼트(Portfolio Management)」 개념을 개인의 자산 운용에 체계적으로 도입하는 것입니다. 이 책의 궁극적인 목표는 이 포트폴리오 매니지먼트라는 개념을 독자 여러분들이 더욱 친숙하게 느끼고, 궁극적으로 「경제적 자립」을 목표로 하는 자산 운용에 이를 실질적으로 적용하도록 돕는 데 있습니다.

이 책을 다 읽었을 때, 여러분은 전문가들이 사용하는 포트폴리오 매니지먼트라는 기법의 전체를 완벽하게 이해하고, 실제로 자신의 운용에 도입할 수 있는 상태가 되어 있을 것입니다. 이를 위해 이 책은 제1장부터 순서대로 차근차근 단계적으로 이해를 높여갈 수 있도록 매우 체계적으로 구성되어 있습니다.

스스로를 투자에 정통하다고 자부하는 분들 중에서도, 투자 이론을 완전히 이해하지 못했거나, 여러 사람에게서 배운 다양한 기법들을 마치 「여러 종류의 반찬이 담긴 도시락」처럼 단편적으로 짜집기하여 자신도 모르는 사이에 자산이 늘지 않는 비효율적인 투자를 지속하고 있는 경우가 적지 않습니다. 따라서 상급자분들도 반드시 순서대로 읽어 나가시기 바랍니다.

「경제적 자립」이란 단순히 부자를 의미하는 것이 아니다

본론으로 들어가기 전에, 여러분에게 질문을 하나 드리겠습니다.

여러분은 「경제적 자립(또는 경제적 자유)」이라는 단어를 들으면 어떤 이미지가 가장 먼저 떠오르시나요?

남미의 아름다운 해변을 거닐며 보내는 한가로운 일상, 호화 유람선을 타고 떠나는 세계 일주 여행, 외제차를 몰고 다니며 분위기 있는 고급 레스토랑에서 즐기는 만찬 등. 이 모든 것은 필연적으로 자산가, 사업에 성공한 대부호, 혹은 일확천금을 얻은 행운아와 같은 「돈 많은 부자」가 떠오를 것입니다.

하지만 **경제적으로 자립한다는 것은 단순히 부자가 되는 것을 의미하지 않습니다. 더구나 사치스러운 생활을 누리는 것도 아닙니다. 우리처럼 평범한 일반인도 충분히 달성 가능한 일입니다.**

이 점을 여러분에게 명확히 이해시키기 위해, 가장 먼저 「경제적 자립」이란 정의를 명확히 하고자 합니다.

경제적 자립이란 다음과 같이 정의됩니다.

패시브 수입(Passive Income, 수동적 소득)**만으로 일상생활을 유지할 수 있는 상태**

또는,

패시브수입이 현재의 액티브 수입(Active Income, 적극적 소득)**을 능가하는 상태**

패시브 수입이란 수동적으로 얻는 수입, 즉,「자산 수익 또는 투자 활동에서 발생한 수익」을 의미합니다.

액티브 수입이란 능동적으로 얻는 수입, 즉,「노동을 통해 얻은 수입」을 뜻합니다.

일반적으로 우리는 흔히 불로소득 또는 자산 소득, 노동 소득 또는 근로 소득이라는 표현을 씁니다. 하지만 투자 수익을 불로소득이라고 부르는 것은 큰 오해를 불러일으킬 수 있는 잘못된 명칭이라고 생각합니다. 따라서 이 책에서는 영어 표현에 따라, 투자나 자산에서 얻은 수입을 패시브 수입, 근로를 통해 얻은 수입을 액티브 수입이라 부르겠습니다.

「패시브 수입으로 일상생활을 유지할 수 있는 상태」란, 오직 투자 수익만으로 생활을 이어갈 수 있을 만큼의 충분한 자산을 성공적으로 구축한 상태를 의미합니다.

예를 들어, 자산이 7천만 엔(약 6억 6천만 원)이 되었을 때, 연평균 6%의 투자 수익을 얻는다면, 매년 투자로부터 420만 엔

(약 4천만 원)이 들어오게 됩니다. 이는 세후 420만 엔의 연봉을 받는 것과 실질적으로 동일합니다. 만약 이 정도의 연수입으로 일상생활에 어려움이 없다면, 이미 훌륭하게 「경제적 자립」을 이룬 것입니다.

또한, 「패시브 수입이 현재의 액티브 수입을 능가하는 것」은 일하지 않아도 생활할 수 있다는 것을 의미합니다.

FIRE에 숨겨진 「함정」을 조심!

최근 몇 년 사이, FIRE(파이어)라는 단어가 선풍적인 인기를 끌면서 FIRE를 인생 목표로 삼는 사람들이 늘어났습니다. FIRE는 경제적 자립과 조기 은퇴를 의미합니다. 그리고 패시브 수입이 액티브 수입을 초과하는 시점에 FIRE가 가능해지는 것으로 알려져 있습니다.

그러나 2023년경부터는 「일단 FIRE를 하긴 했지만, 지금은 졸업했다」는 이야기가 들리기 시작했습니다. 졸업했다는 표현은 듣기 좋게 포장된 것이지만, 실상은 투자가 기대만큼 잘 되지 않아 패시브 수입만으로는 생활을 유지할 수 없게 되어 결국 다시 일을 시작한 경우로 볼 수 있습니다.

FIRE에 성공했든, FIRE를 졸업했든, 그 배경에는 다양한 형태와 사정이 있을테지만, 이들 사례가 공통적으로 시사하는 바는, 언제, 어떤 시점에 FIRE가 가능한지에 대한 판단을 잘못하여 너무 성급하게 퇴직을 결정해버린 사례가 상당히 많다는 것입니다.

일반적으로 FIRE 달성의 기준은 연 수입의 25배에 달하는 자산을 보유하는 것이라고 알려져 있습니다. 예를 들어, 연간 지출액이 300만 엔(약 2천 8백만 원)이라면 7,500만 엔(약 7억 1천만 원)의 자산이 필요합니다. 이 7,500만 엔의 자산에서 연평균 4%의 수익률을 지속적으로 확보한다면 300만 엔의 패시브 소득이 창출되어 액티브 소득과 동일한 수준의 금액이 됩니다.

실제로 글로벌 주식시장에 분산 투자를 했을 경우, 지난 30년간의 평균 수익률은 연 6~7% 수준이었으므로, 4%라는 수치는 실현 불가능한 목표는 아닐 것입니다.

하지만 이러한 치밀한 계산을 간과하거나, 혹은 예상 수익률을 과도하게 낙관적으로 책정하여 조기에 퇴직을 결정하고 나중에 후회하는 사람들이 적지 않습니다.

FIRE에는 이처럼 실수를 저지르게 만드는 몇 가지 「함정」이 숨어 있으니 주의가 필요합니다.

【함정 1】 최근 몇 년간의 성과를 「통상적」이라고 착각하는 것

최근 몇 년간 주식 시장, 특히 미국 주식 시장의 상승률은 이 례적이었습니다. 연 10%에 가까운 수익률을 기록했고, 2021년에 는 30%에 달하기도 했습니다. 만약 연 10%의 수익률을 지속적 으로 창출할 수 있다면, 3,000만 엔(약 2억 8천 원)의 자산만으로도 연간 300만 엔(약 2천 8백만 원)의 수익을 얻게 됩니다. 이러한 상 황이 지속될 것이라고 안일하게 가정하고 조기 퇴직을 감행하는 사례들이 발생하고 있습니다.

하지만 최근 몇 년간의 현상은 비정상적이며, 여러분이 은 퇴 시기까지 이 상황이 지속되리라 판단하는 것은 현실적이지 않습니다.

이처럼 「최근 몇 년이 예외적인 고수익 시기였다」는 객관적 인 지식이 없었기 때문에, 실수를 저지르는 경우입니다.

【함정 2】 「연 4% 수익률」의 의미를 잘못 이해하는 것

연 4% 수익률로 운용된다고 할 때, 해당 수익률 수치는 「연 평균」을 의미합니다. 연평균 수익률이란, 예를 들어 수년간 투자한 결과 5년 동안 자산이 20% 상승했다면, 단순하게 계산하면 20 ÷ 5 = 4%라는 뜻이 됩니다. (정확히는 1/5 승이지만, 여기서는 계산을 쉽게 하기 위해 5로 나눕니다.)

실제 투자 환경에서는 1차 연도에 10% 하락할 때도 있고, 20% 상승할 때도 있습니다. 매년 안정적으로 4%의 수익률이 보장되는 것은 아니라는 뜻입니다. 따라서 이러한 변동성을 고려하지 않고 성급하게 FIRE를 하게 되면, 원금을 헐어서 생활해야 하는 상황에 놓이게 됩니다.

【함정 3】 「FIRE를 했다」는 사실이 마음을 들뜨게 하는 것

FIRE를 달성하여 경제적 자유를 얻고 직장을 그만두었다는 것을 스스로 인지할수록, 소비의 끈이 느슨해지는 것이 인간의 본성입니다.

실질적인 연간 수입은 이전과 변동이 없음에도 불구하고, 갑자기 부유층이 된 듯한 착각에 빠져 배짱이 커지고 지출이 방만해집니다. 그러다 보면 자신도 모르는 사이 투자 수익률을 훨씬 웃도는 지출을 하게 되고, 매일같이 잔고가 줄어드는 삶을 살게 됩니다. 이대로 방치하게 되면 원금마저 언젠가 고갈될 것이라

는 위기감이 들어 결국 재취업을 하게 된 사례가 적지 않은 것
으로 파악됩니다.

얼마만큼의 자산이 확보되어야
안정적으로 살 수 있을까

**FIRE를 한다는 것은 자신의 전체 수입이 금융시장에 전적으로
의존하게 되는, 다시 말해 불확실한 요소에 자신의 생계가 좌우되
는 삶을 선택하는 것을 의미**합니다. 자나 깨나 시장의 움직임에
과도하게 신경을 곤두세우게 되면서, 「차라리 회사 다닐 때가 마
음 편했다」거나 「FIRE를 했더니 오히려 스트레스가 더 심해졌
다」고 느끼는 사람들이 적지 않습니다.

본래 FIRE를 추구했던 목적, 즉 회사 생활의 스트레스에서
벗어나 매일 자유롭게 하고 싶은 일을 하며 지내고 싶다는 목표
는 이루지 못했을 뿐만 아니라, 마음의 평안이라는 측면에서는
오히려 후퇴한 느낌을 받을 것입니다. 그렇다면, 안심하고 일상
을 보내기 위해서는 얼마의 돈이 있어야 할까요?

그것은 개인의 특성에 따라 다릅니다. 필요한 금액의 최소치
만 있어도 심리적 안정을 얻을 수 있는 사람인지, 필요한 금액

의 10배 정도는 있어야 안심하는 사람인지, 주식 시장의 하락 폭이 몇 퍼센트까지는 발생하더라도 견딜 수 있는 사람인지에 따라 다르기 때문입니다.

이 책에서는 나중에 여러분의 가치관과 생활 방식을 바탕으로 경제적 자립을 실현하는 데 필요한 정확한 금액이 얼마인지 산출해 볼 것입니다.

다만, 이렇게 금액을 산출했더라도, 실제로 급락장이 닥치면 「이 정도까지는 괜찮다」고 머리로 생각했던 수준보다 훨씬 높은 가격대임에도 불구하고 극심한 공포와 스트레스를 느끼는 경우가 흔합니다. 이는 인간의 본질적인 특성상, 손실로 인한 고통을 이득으로 인한 기쁨보다 훨씬 크게 느끼기 때문입니다.

심지어 10억 엔(약 94억 원)을 보유했든, 30억 엔 (약 285억 원)을 보유했든 여전히 심리적 안정감을 느끼지 못하는 부유층 또한 적지 않습니다.

이는 행동경제학의 프로스펙트 이론(Prospect Theory)으로도 밝혀진 사실이지만, 인간은 형태가 있는 물질로 풍요로움을 느끼려 할수록, 그 풍요로움을 느끼는 만족의 기준 자체가 끊임없이 상승하게 됩니다. 처음에는 기쁨을 주었던 양과 질의 물질도 시간이 지나면 더 이상 풍요로움을 주지 못하게 되는 것입니다.

이로 인해 인간은 끝없이 그것을 추구하게 됩니다.

결국 얼마만큼의 많은 돈을 가지고 있더라도, 설령 FIRE를 했다 하더라도, 사람은 단지 돈만으로는 안심하고 살 수 없는 것입니다.

FIRE가 아닌, 「밸류 파이어(Value FIRE)」를 지향하자

그렇다면, 돈에 대한 불안 없이 행복하게 살려면 어떻게 해야 할까요?

제가 제안드리고 싶은 것은 경제적 자립은 달성하되 은퇴하지 않고, 자신이 가치를 느끼는 일을 계속 즐기며 살아가는 생활 방식, 즉 「밸류 파이어」입니다. **기존의 FIRE(파이어, 경제적 자립과 조기 은퇴)가 경제적 자립과 조기 은퇴를 의미하는 것과 달리, 밸류 파이어는 경제적 자립을 이룬 후에도 평생 현역으로 일하는 기쁨을 누리는 것을 목표**로 합니다.

조기 은퇴를 꿈꿨던 분들은 「모처럼 경제적으로 자립을 이뤘는데, 여전히 일을 해야 한다는 말인가!?」라며 의아해 하실수도 있습니다.

그러나 잠시 당신이 자산을 구축하고 싶은 근본적인 이유를 되짚어 보십시오. 아마도 대다수는 「영원히 행복하게 살고 싶기 때문」일 것입니다. 자산을 만드는 것 자체가 목적이 아니라, 안정되고 행복한 인생을 보내기 위한 것 아닌가요?

「자산은 모았지만, 불행하다」고 느낀다면 이는 본말이 전도된 것입니다. 돈과 같은 유형의 자산은 앞서 말씀드렸듯이 지속적으로 증식되지 않는 한 영속적인 행복을 가져다주지 않는다는 것이 밝혀졌습니다. 돈이 행복을 가져다주는 것이 아니라, 돈이 있음으로써 불행해지지 않게 막아주는 역할을 하는 것입니다.

FIRE를 했더라도, 그 이후의 삶에서 「매일 하는 일」이 당신에게 행복을 가져다주지 못한다면, 아무리 돈이 많아도 행복한 인생을 살아갈 수 없습니다. 결국 FIRE를 추구하는 것은 당신의 궁극적인 목적, 즉 「안정되고 행복한 인생을 보내고 싶다」는 소망에 부합하지 않게 됩니다.

그렇다면, 목적에 부합하는 삶이란 어떠한 형태일까요? 이 지점에서 여러분이 반드시 기억해야 할 인간 행동학상의 한 가지 진리가 있습니다.

인간은 「지금 하고 있는 일」에 가치를 느낄 때, 진정한 행복을 느낍니다.

따라서 가치를 느낄 수 있는 일을 직업으로 삼아야 합니다. 젊은 시절에는 바로 이 점을 최우선 순위로 두고 인생을 설계해야 합니다.

일을 통해 얻게 되는 「무형 자산」(지식, 기술, 경험)은 일단 체득하게 되면 사라지지 않습니다. 오히려 이를 지속적으로 연마함으로써 기술력은 향상되고, 그 분야의 전문가로 성장하게 됩니다. 이는 곧 당신의 「수익 창출 능력」이 되어 평생토록 당신을 도울 것입니다. 이 무형 자산은 시간이 흐를수록 행복도가 높아지는 특성이 있습니다. 이는 「유형의 자산」이 시간의 흐름과 함께 행복도가 감소하는 현상과 정반대의 이치입니다.

이러한 「인간의 본질」을 이해한다면, 자신의 인생을 어떻게 디자인해야 할지 명확한 방향성이 보이기 시작할 것입니다.

스스로가 하면서 행복을 느끼는 일. 만약 그런 직업을 가지고 있다면, 조기 은퇴를 하고 싶다는 생각이 들까요? 자신의 일을 진정으로 사랑하는 사람들은 모두 마지막 순간까지, 생명이 다하는 날까지 일을 합니다.

인간은 자신이 하면서 행복을 느끼는 일이 있다면, 그것을 죽는 순간까지 지속하고 싶어 하는 존재입니다. 게다가 그 활동을 통해 보수까지 받을 수 있다면, 더 이상 일을 그만두겠다는 생각은 하지 않을 것입니다. 하물며 100세 시대에, 80대나 90대가 되어서도 활기차게 일을 하는 사람들은, 은퇴하여 심심하게 하루를 의미없이 보내는 친구들의 부러움의 대상이 되기도 합니다.

실제로 조기 은퇴를 하게 되면, 상상했던 것과는 사뭇 다른 현실에 직면하게 됩니다. 이것이 바로 FIRE를 그만두려는 사람들이 끊이지 않는 이유인 것입니다.

액티브 수입이 주는 세 가지 장점

이 책에서는 경제적 자립을 이루었음에도 불구하고 일을 그만두지 않고, 죽기 전날까지 일을 계속하는 그런 삶을 설계하자는 것을 제안할 것입니다.

이를 위해 다음과 같은 두 가지 사항들을 권합니다.

- 스스로 하고 있을 때 행복을 느끼는 일을 직업으로 삼을 것
- 전문 포트폴리오 매니지먼트를 활용하여 번 돈을 현명하게 지키고 늘릴 것

실제로 「경제적 자립을 달성하고, 행복을 느끼는 일을 하는」

밸류 파이어의 삶을 시작해보면, 이 생활이 얼마나 편안하고 진정한 스트레스 없는 인생을 가져다주는지 알게 될 것입니다.

제가 학장으로 있는 <인생 디자인 구축 학교>에서는 670명이 넘는 분들이 밸류 파이어의 길을 선택하여 행복한 인생을 보내고 있습니다.

그 실질적인 근거는 다음 세 가지입니다.

① 심리적 안정을 얻고, 돈에 대한 스트레스가 사라집니다.

매월 액티브 수입이 있고, 게다가 패시브 수입까지 들어오는, 즉 혼자서 「더블 인컴(Double Income)」 상태가 되기 때문입니다. 앞의 예시에서와 같이 300만 엔(약 2천 8백만 원)의 액티브 수입과 300만 엔의 패시브 수입으로 합계 600만 엔(약 5천 6백만 원)의 수입이 들어왔을 때의 마음의 안정감을 한번 상상해 보십시오. 큰 안도감이 들 것입니다.

② 복리 효과로 투자 효율이 극대화됩니다.

액티브 수입 300만 엔으로만 생활하고, 패시브 수입을 전액 재투자하면, 복리 효과로 투자 효율은 더욱 높아집니다. 복리 효과는 눈덩이처럼 자산이 불어나는 모습을 상상하면 이해가 쉽습니다.

7,500만 엔(약 7억 1천만 원)의 자산이 창출한 300만 엔(약 2천 8백만 원)은 다음 해에 7,800만 엔(약 7억 4천만 원)의 원금이 되고, 이 금액의 4%인 312만 엔(약 2천 9백만 원)이 증가하여 총 8,112만 엔(약 7억 7천만 원)이 됩니다. 이를 다시 전액 투자하면, 3년 차에는 8,436만 엔(약 8억 원)으로 증가하게 됩니다. 이처럼 자산 증식 속도가 가속화됨을 실감하실 수 있을 것입니다.

③ 자산 증가 속도를 더욱 가속화할 수 있습니다.

만약 액티브 수입 300만 엔에서 일부라도 추가 투자가 가능하다면, 자산의 증가 속도는 더욱 빨라집니다.

자산을 구축하기 위해서는 가급적 도중에 투자를 중단하지 말 것, 즉 「인출하지 않는 것」이 정말 중요합니다. 이는 복리 효과를 최대한 누리기 위함입니다. 연말이 되기 전까지는 투자 수익이 얼마가 될지 불확실한 상황에서, 인출하지 않아도 되는 시스템을 만드는 것이 매우 중요합니다.

이러한 시스템이 가능할 수 있는 것은 전적으로 액티브 수입이 있기 때문입니다. 만약 FIRE로 조기 은퇴를 해버리면, 투자 수익인 300만 엔은 매년 인출해서 사용하게 됩니다.

반면에 일을 계속한다면, 이 300만 엔은 고스란히 재투자할 수 있게 됩니다.

밸류 파이어로 행복한 노후가 기다립니다

밸류 파이어를 통해 노후는 어떤 삶을 살게 될지 상상해 보십시오. 생명이 다하는 전날까지 자산이 계속 불어나는 상태를 만들 수 있다는 것이 얼마나 큰 심리적 안정감을 주는지 말입니다. 덕분에 지금 이 순간을 스트레스 없이 즐길 수 있습니다.

일반적으로는 죽을 때 자산이 남아있는 것은 무의미하며, 죽을 때 자산이 「제로(Zero)」가 되도록 시기를 잘 맞춰 인출해 써야 한다는 주장이 널리 받아들여지고 있습니다. 하고 싶은 것을 포기하고 아등바등 저축만 하는 삶보다는 돈을 쓰는 편이 낫다는 의견에는 고개가 끄덕여지는 부분도 있습니다.

하지만 자산을 인출하는 타이밍은 어떻게 정해야 할까요?

가령 75세부터 인출하기로 결정했다고 가정하고, 그때부터 매년 돈을 인출하며 생활하는 모습을 상상해 보십시오. 자산은 날마다 감소할 것입니다.

프로스펙트 이론을 다시 떠올려 봅시다. 손실의 고통은 같은 금액의 이익이 주는 기쁨보다 훨씬 큽니다. 날마다 줄어드는 숫자를 바라보는 것은, 실제로 손실을 입었을 때와 같은 고통을 가져다줍니다.

가령 95세에 죽을 계획이었다고 가정했는데, 90세가 넘어서도 여전히 정정하게 살아 있다면, 어떤 기분이 들까요? 앞으로 5년 뒤면 자산이 바닥이 날텐데. 96세까지 산다면 어떡하지? 심지어 100세까지 산다면 어떡하지? 90세가 넘어서도 이런 걱정을 해야 합니다. 자신이 이 세상을 떠날 타이밍을 예지할 수 있는 사람은 없습니다. 「95세에 죽는다」, 「97세에 죽는다」와 같은 가정에는 근거가 없으며, 이러한 모델 자체가 무리가 있는 것입니다.

그렇기 때문에 **죽을 때 자산을 제로로 만드는 것이 아니라, 숨을 거두는 그 순간까지 자산을 지속적으로 늘려가야 합니다. 이것이야말로 평생 행복하고 안심하며 살기 위한 핵심 열쇠가 됩니다. 「인간의 본질」을 확실히 이해**하고 있다면, 자연스럽게 이 결론에 도달하게 될 것입니다. 그러면 이제, 「마음속 깊이 안심과 행복을 느끼는 인생」을 만들어가기 위한 전략을 짜고, 이를 실행에 옮길 여행을 출발해 보도록 하겠습니다.

제 1 부

「행복한 경제적 자립」

을 목표로 하자!

FIRE의
장점과 단점

조기 은퇴는 정말 행복할까?

프롤로그에서 「조기 은퇴한다고 해서 반드시 행복한 삶이 보장되는 것은 아니다」라는 이야기를 나누었습니다. 그렇다 하더라도 「역시 조기 은퇴는 매력적이다!」라고 느끼는 분들이 적지 않을 것이라 생각합니다. 그래서 지금부터는 조기 은퇴가 어떤 결과를 가져올지에 대해 한번 생각해 봅시다.

조기 은퇴의 장점 생각해 보기

인간은 자신이 진정으로 무엇을 원하는지 스스로 명확하게 알지 못하는 존재입니다.

막연하게 조기 은퇴가 매력적으로 느껴진다면, 정확히 어떤 부분이 매력적인지를 먼저 확인해 봅시다.

제가 왜 이렇게 다소 에둘러 가는 방식을 취하는가 하면, 「조기 은퇴에 대한 막연한 동경」 때문에 자산 운용을 시작하는 경우와, 「다른 명확한 이유」 때문에 시작하는 경우 사이에 투자 행동의 차이가 발생하고, 이것이 결국 중장기적인 운용 수익률에 영향을 미치기 때문입니다. 어떤 영향을 미치는지에 대해서는 차

차 설명해 드리겠습니다.

우선, 「조기 은퇴」가 주는 장점을 모두 적어보세요.

당신에게 조기 은퇴가 주는 장점

1. ____

2. ____

3. ____

4. ____

5. ____

어떻습니까? 참고로, 일반적으로 조기 은퇴를 통해 다음과
같은 장점들이 떠오를 수 있습니다.

- 싫은 일에서 벗어날 수 있다.

- 시간에 쫓기지 않게 된다.

- 만원 지하철/버스에 타지 않아도 된다.

- 싫은 상사 눈치를 보지 않아도 된다.

이런 일들은 직장을 그만둠으로써 피할 수 있는 「불쾌함」들
입니다.

- 매일 좋아하는 일을 하며 살 수 있다.

- 매일이 휴일처럼 느껴진다.

- 시간적/경제적 자유를 얻게 된다.

이런 일들은 직장을 그만둠으로써 얻을 수 있는 「쾌감」들입니다.

현재의 직장 생활을 그만두면 「불쾌함에서 해방되고 쾌감을 얻을 수 있다」고 인식하기 때문에 조기 은퇴가 더욱 매력적으로 느껴지는 것입니다.

조기 은퇴의 단점 생각해 보기

이제는 조기 은퇴를 했을 때 당신에게 생길 수 있는 단점을 생각해 봅시다.

조기 은퇴에 단점 같은 것이 있겠냐고 생각할 수도 있습니다. 하지만 이 세상은 어느 부분을 잘라 보아도 늘 음과 양의 균형이 잡혀 있습니다. 따라서 어떤 선택을 하더라도 장점과 단점은 항상 동시에 존재하기 마련입니다.

예를 들어, 매일이 휴일이라면 술을 좋아하는 사람은 매일 낮부터 술을 마셔서 몸이 망가질 수도 있습니다. 일을 그만두면 새로운 것에 도전할 기회를 잃고, 더 큰 성공을 거둘 수 있었던 가능성을 놓치게 될 수도 있습니다. 혹은 인간관계가 소원해져 집에만 틀어박히는 생활을 하게 될 수도 있습니다.

이러한 점들을 염두에 두고, 여러분이 생각하는 조기 은퇴의 단점을 지금 적어보세요.

당신에게 조기 은퇴가 주는 단점

1. ____

2. ____

3. ____

4. ____

5. ____

어떤 단점들이 떠올랐습니까?

제 직업 특성상 전 직장 동료 중에 조기 은퇴를 한 사람이 많았기 때문에, 그들의 「그 후」 사례를 아주 많이 알고 있습니다. 그중에는 「그럼 나 갈께, 모두 열심히 일해!」라며 남쪽 섬으로 이사를 가버린 동료도 있었습니다. 그런데 놀랍게도 그와 몇 달

후 시내에서 우연히 마주쳤습니다. 그는 말끔한 정장을 차려입고 있었습니다. 그에게 자초지종을 들어보니, 「해먹에 누워 있는 건 3주가 한계였어. 3개월 동안 그렇게 지내보니 너무 지루해서 살아있는 것 같지가 않더라고」라고 말했습니다. 충실함, 살아있는 기쁨 같은 것이 없었던 것입니다.

그는 1년도 채 되지 않아 도쿄의 집으로 돌아와 새로운 사업을 시작했습니다. 지금은 경제적으로 더 이상 일할 필요가 없음에도 불구하고 바쁘게 사업을 하고 있습니다.

「무언가 가치를 느끼는 일을 하고 있는」 인생이 아니라면, 「무엇이든 해도 되는 자유」를 손에 넣더라도 행복을 느낄 수 없습니다. 사람은 「삶의 의미」, 「인생의 목적」, 「나아가야 할 목표」가 없다면 충실한 나날을 보낼 수 없다는 것을 알 수 있습니다.

우리는 보통 어떤 일의 장점만 혹은 단점만을 인식합니다. 이를 심리학 용어로 「인지 왜곡」이라고 부릅니다. 「왜곡」이라는 단어가 다소 거슬릴 수 있지만, 이는 사물의 전체 모습 중 절반만 보이고 전부를 보지 못하고 있다는 의미가 됩니다.

어떤 선택을 할 때, 장점과 단점 모두가 존재함을 알고 있다면, 나중에 단점이 눈에 들어왔을 때 실망하지 않습니다. 조기 은퇴를 동경하는 사람일수록, 진실을 보기 위해 그 단점을 반드시 생각해 볼 필요가 있습니다.

인간 행동학과 뇌과학으로 보는 조기 은퇴의 단점

이제 인간 행동학과 뇌과학의 관점에서 조기 은퇴가 인간에게 어떤 단점을 가져오는지 살펴보고자 합니다. 이는 인간의 본능이나 무의식, 그리고 뇌의 구조에서 비롯되는 영향이므로 개인차가 거의 없습니다. 거의 모든 사람이 다음과 같은 영향을 받습니다.

- 단조로운 생활, 생각하지 않는 생활, 고민하지 않는 생활로 뇌가 위축됩니다.
- 직함으로 존경받지 못하게 되면서 단순히 「돈만 가진 아저씨/아줌마」가 된 자신을 받아들이지 못합니다.
- 자신을 존중하지 않는 사람들에게 쉽게 화를 내는 사람이 됩니다.
- 자산을 인출해서 생활하기 때문에, 아무리 돈이 많아도 돈에 대한 불안에서 벗어날 수 없습니다.

▪ 앞으로 자산이 늘어날지 여부가 시장 동향에 좌우되므로 심리적인 안정을 얻기 어렵습니다.

인간은 「살아가는 의미」를 갈망하는 존재입니다. 나는 왜 이 세상에 태어났는가. 자신이 살아야 할 의미나 목적을 찾고, 그것을 위해 살아가고 싶다고 우리의 영혼은 외치고 있는 듯합니다. 조기 은퇴를 하면 바로 이 사실을 깨닫게 됩니다.

우리는 「무엇이든 해도 되는」 「자유」를 얻으면 틀림없이 행복한 나날이 될 것이라고 생각하기 쉽지만, 사실 인간이 진정으로 원하는 것은 어떤 의미가 느껴지는 인생입니다.

직장을 그만두고 싶다고 생각하는 것은 혹시 지금 하는 일에서 의미를 찾지 못하기 때문이 아닐까요? 의미를 느낄 수 없는 일에 오랜 시간 구속당하는 것이 싫은 것이지, 일을 하는 것 자체가 싫은 것은 아닐 것입니다.

조기 은퇴를 하면 「불쾌함」에서는 벗어날 수 있을지도 모릅니다. 하지만 그것이 과연 자신이 진정으로 원하는 인생인지에 대해서는 의문이 남습니다. 자유를 얻었다고 해도, 살아가는 의미를 느끼지 못하는 나날을 보낸다면 행복을 느낄 수 없습니다. 그것이 인간입니다.

사람들은 **조기 은퇴를 하고 나면,**「**내가 원했던 것은 자유가 아니었구나. 자유로워졌을 때 열정을 가지고 할 수 있는 것, 몰두할 수 있는 그것을 찾고 있었던 거구나**」라고 깨닫게 되는 것입니다.

조기 은퇴로 인해 포기하는 것들

또한, 조기 은퇴는 다음과 같은 단점들이 있을 수 있습니다.

조기 은퇴를 하면, 지금 당신이 가진 것들 중에서 포기해야 하는 것들이 생겨납니다.

예를 들어, 팀과 함께 큰 프로젝트를 성공시켰을 때의 기쁨과 성취감, 그때 다져진 끈끈한 유대감과 우정, 한계를 뛰어넘었을 때의 상쾌함, 새로 얻은 자신감, 성장하고 있다는 실감, 불가능하다고 생각했던 일에 도전하는 기쁨, 고객에게 감사받는 기쁨, 노력의 증표로 받는 보상의 기쁨 등입니다. 이러한「일하는 기쁨」은 직장에서 은퇴하면 더 이상 얻을 수 없게 됩니다.

물론 인간관계의 번거로움에서는 해방될 수 있습니다. 하지만 그 번거로움에 맞서는 과정을 통해 자신과 다른 생각을 가진 사람을 포용하게 되거나, 시련을 극복함으로써「성장의 기회」를 얻는 일도 사라집니다.

자신의 재능을 발휘할 무대도 없어집니다. 우리는 누구나 남을 이끄는 힘, 세부 사항에 대한 섬세한 시선, 미리 위험을 내다보는 통찰력, 예상치 못한 사태에 흔들리지 않고 대응하는 능력 등 사회에 제공할 수 있는 수많은 재능과 천재성을 가지고 있습니다. 이는 스스로 인지하고 있든 아니든, 누구나 가지고 있는 것입니다.

이러한 재능을 발휘했을 때의 기쁨은 그 무엇과도 바꿀 수 없습니다. 하물며 그 능력으로 인해 기뻐해 주는 사람이 있다면, 진심으로 「살아있길 잘했다」고 느낄 것입니다.

조기 은퇴를 하면 그러한 세계에서도 멀어지게 됩니다. 상사가 싫다, 동료가 싫다, 오랜 시간 구속되는 것이 싫다... 이처럼 싫은 감정으로 마음이 가득 차 있다면, 당신이 일을 하고 있기에 받고 있는 그 무엇과도 바꿀 수 없는 가치나, 혹은 조기 은퇴에 따르는 이러한 단점들을 전혀 눈치채지 못할 수 있습니다.

이것으로 여러분은 조기 은퇴의 장점과 단점을 모두 파악했을 것입니다. 플러스와 마이너스 양쪽을 모두 인지한 상태에서, 과연 나는 정말로 조기 은퇴를 원하는 것인지 잠시 멈춰 서서 생각해 보시기를 바랍니다.

조기 경제적 자립은 행복할까?

FIRE 중 RE, 즉 Retirement Early(조기 은퇴)가 반드시 행복한 인생으로 이어지지는 않을 가능성이 있다는 점을 확인했습니다.

이제부터는 FIRE 중 FI에 해당하는 Financially Independent(경제적 자립)에 대해서도 여러분 자신의 장점과 단점을 확인해 보겠습니다.

조기에 경제적 자립을 하는 장점

조기에 경제적 자립을 하는 장점을 생각해 봅시다. 여기서는 「일을 그만두지 않는다」는 전제 하에 생각해 보세요.

1. ____

2. ____

3. ____

4. ____

5. ____

어떤 답을 적으셨나요?

예를 들어, 다음과 같은 장점들을 생각해 볼 수 있습니다.

- **일이 「해야만 하는 것」에서 「하고 싶어서 하는 것」으로 바뀐다**
    - → 싫은 일은 거절할 수 있다
    - → 정말 하고 싶은 일만 선택할 수 있다
    - → 일하고 싶은 시간도 스스로 선택할 수 있다
    - → 함께 일할 사람을 고를 수 있다
    - → 인간관계 스트레스가 줄어든다

- **미래의 돈 걱정이 사라진다**
    - → 짜증과 불안이 없어진다
    - → 주택 대출의 압박에서 해방된다
    - → 가족과 주변 사람들에게 관대해진다
    - → 부모님께 효도할 수 있다
    - → 인간관계가 좋아진다
    - → 업무에 집중할 수 있다

액티브 수입이 계속 들어오기 때문에, 패시브 수입 전체를 투

자에 재투입할 수 있다

→ 복리 효과로 인해, 투자 자산 증가 속도가 빨라진다

→ 노후에도 세금을 계속 납부함으로써 자존감이 높아진다

→ 노후에도 사회와의 연결고리를 유지할 수 있다

→ 언제까지나 젊고 활기찬 상태를 유지할 수 있다

조기에 경제적 자립을 하는 단점

이와 마찬가지로, 조기에 경제적 자립을 하는 경우의 단점을
생각해 봅시다. 여기서도 「일을 그만두지 않는다」는 전제 하에
생각해 보세요.

1. ____

2. ____

3. ____

4. ____

5. ____

어떻습니까?

예상하셨겠지만, 이미 경제적으로 필요한 돈이 확보되었기 때문에 일터에서의 동기 부여가 낮아질 수 있습니다. 조금이라도 싫은 일이 생기면 「그럼 관두면 되지」라고 생각하며 스트레스 저항력이 약해질 수도 있습니다.

그 외에는... 단점이 그다지 많지 않아 보이네요.

여기서는 경제적 자립 외의 다른 상황을 동일하게 놓고 비교하기 위해 일을 그만두지 않는다는 전제로 장점과 단점을 생각해 보았습니다. 만약 일을 그만두는 경우의 장점과 단점은 FIRE를 했을 때의 그것과 동일해집니다.

경제적 자립 후의 일하는 방식은 그만두거나 계속하는 이지선다가 아니라, 훨씬 다양한 선택지가 있을 것입니다. 하루에 몇 시간만 일하거나, 일주일에 며칠만 일할 수도 있고, 반대로 아주 좋아하는 일을 직업으로 삼아 온/오프의 구분 없이 놀이처럼 끊임없이 일할 수도 있습니다.

일하는 방식의 선택지가 넓어지는 것 역시 조기에 경제적 자립을 하는 장점에 추가될 수 있겠죠.

조기에 경제적 자립을 이룬 사람들의 그 후

실제로 경제적 자립을 이룬 사람들은 인생을 만끽하며 사는 것처럼 보입니다.

제 친구 한 명은 회사를 설립해서 하고 싶은 일만 하면서 지냅니다. 하고 싶은 일만 하니 늘 즐거워 보입니다. 그 모습이 즐거워 보여서 많은 사람이 모여들고, 항상 수많은 클라이언트들로 북적입니다. 경제적 자립을 달성하기 전보다 오히려 사업이 더 번창하고 있습니다.

또 다른 친구는 여행을 매우 좋아해서 자주 여행을 떠납니다. 국내는 물론 전 세계의 클라이언트들을 찾아다니며 여행을 하면서 일하는 생활을 하고 있습니다. 그녀의 경우, 여행 자체가 일이 되었기 때문에 여행 비용도 경비 처리가 되어 자산이 더욱 풍요로워지고 있습니다.

앞서 예상되는 단점으로 꼽았던 「일하는 의욕 저하」는 적어도 제 주변 사람들에게만 국한해서 보자면, 저하되기는커녕 오히려 높아진 사례가 곳곳에서 발견됩니다.

그리고 무엇보다, 모두들 일이 즐거워 보입니다. 워크-라이프 밸런스(Work-Life Balance) 따위는 전혀 신경 쓰지 않는 듯, 일과 놀이의 경계가 사라진 느낌입니다. 다음엔 저걸 해보자며 새로운 영감도 많이 떠올라, 눈이 소년 소녀처럼 반짝이고 있습니다. 하고 싶은 일만 한다면, 이는 당연한 결과일지도 모릅니다.

경제적 자립을 이루고 계속 일을 하는 사람 중에서 불행해진 사람은 거의 떠오르지 않습니다.

여기까지의 내용을 정리해 봅시다.

조기 은퇴를 하고 유유자적한 생활을 누리더라도 행복한 인생이 되리라는 보장은 없지만, 경제적 자립 후에도 일을 계속하는 경우에는 더욱 행복한 인생이 될 가능성이 높다는 사실이 밝혀졌습니다.

여러분이 했던 워크시트(장점/단점 적기)에서는 어떤 결과가 나왔습니까? 조기 은퇴를 무조건 매력적이라고 생각하던 상태에서, 「꼭 그렇지만은 않다」는 일종의 찬물을 맞은 듯한 기분이 든 분들도 있을 것입니다.

행복한 인생은 경제적 자립만으로는 얻을 수 없습니다. 그 후의 시간을 어떻게 보내느냐에 따라 행복의 정도가 크게 달라지는 것입니다.

경제적 자립 후의
인생 설계하기

행복한 경제적 자립인가,
불행한 경제적 자립인가

이 장에서는 경제적 자립을 달성한 후, 여러분의 선택에 따라 인생이 어떻게 달라지는지를 상세하게 살펴보겠습니다. 어떤 선택을 해야 더 행복해질 수 있는지, 반대로 어떤 선택을 하면 불행해질 가능성이 있는지 구체적으로 확인해 봅시다.

불행한 경제적 자립
— 자산 인출은 불안을 증대시킨다

우선, 경제적 자립 후에 불행해질 가능성으로 생각할 수 있는 것은 제1장에서도 잠시 언급했던 「완전히 유유자적한 생활로 진입하는 경우」입니다.

투자 활동도 일절 하지 않는 경우를 생각해 봅시다. 투자를 하지 않으므로 자산은 늘어나지 않고, 지금 가진 자산을 헐어 먹고 사는 인생이 됩니다. 「늘어나지 않아도 평생 돈 걱정 없이 살 수 있는 자산이 있다면 괜찮지 않을까?」라고 생각할 수 있지만, 실제 인간은 아무리 돈이 많아도 그저 줄어들기만 하는 상황에 놓이면 불안감을 느끼게 됩니다.

재벌들은 가족 모두가 세 번, 아니 그 이상의 인생을 살아도 남을 만큼의 자산을 가지고 있지만 여전히 돈벌이에 집착하는 사람이 많습니다.

세계적인 재벌이 지인에게 놀랍게도 「지금 가진 자산이 미래에 없어지지 않을까 너무 불안하다」고 털어놓았다고 합니다. 실제로 저 역시 자산 10억 엔(약 94억 원) 이상을 가진 지인들이 다수 있지만, 그들 중에도 불안한 마음을 가지고 살아가고 있는 사람이 적지 않습니다. 평생 먹고사는 데 지장이 없을 만큼의 논을 가지고 있으면서도 불안에서 벗어날 수 없는 것 같습니다. 이처럼 돈이라는 것은 정신적으로 성숙하지 않는 한 아무리 많아도 불안합니다.

오히려 「가짐으로써」 그것을 「잃을지 모른다는 불안」은 커집니다. 하물며 자산이 매일매일 인출해서 줄어드는 상황에서는 항상 불안해서 어쩔 줄 모르는 상태가 되어도 이상할 것이 없습니다.

그럼에도 불구하고, 현재 세간에서 흔히 다루어지는 생애 재무 설계는 특정 연령까지 자산을 만든 다음, 「은퇴 생활」에 돌입하면 그 자산을 매일 「인출해서」 생활한다는 전제로 만들어져 있습니다. 즉, 「95세까지 살 것을 가정하고」 만든 모델입니다.

만약 그러한 라이프 플랜을 실천하여 93세가 되었는데도 여전히 정정하다면 어떻게 될까요? 「앞으로 2년 뒤면 자금이 고갈된다. 이제 와서 다시 일하러 나갈 수도 없다. 95세를 넘어서도 살아있다면 어쩌지?」 나이를 한 살 먹을 때마다 불안한 마음이 커집니다.

「자산 인출 생활」을 견딜 만큼 강한 멘탈을 가진 사람은 그리 많지 않을 것입니다. 저도 그런 90대를 보내고 싶지는 않습니다.

행복한 경제적 자립
— 평생 투자를 계속하여 자산을 줄이지 않는다

어떻게 해야 경제적 자립을 달성한 후에도 불안을 느끼지 않고 행복하게 살아갈 수 있을까요?

자산을 인출해서 쓰기 때문에 불안해지는 것이니, 자산을 평생 인출하지 않아도 되는 상태를 만들면 됩니다. 다시 말해, **자산이 「영원히」 안정적인 속도로 「계속해서 불어나는 시스템」을 만드는 것입니다.**

줄어들기만 하는 것이 아니라, 매년 조금씩이라도 늘어나는 상태라면 불안에 휩싸일 일이 없습니다. 살면 살수록 자산이 늘어나니, 아무리 오래 살아도 안심할 수 있습니다.

이를 위해서는 「영원히」 투자를 하는 것이 필요합니다. 「투자의 신」이라 불리는 워렌 버핏은 1930년생으로 이미 90세를 훌쩍 넘겼지만, 더욱더 활기차게 현역에서 투자 활동을 이어가고 있습니다. 그의 파트너였던 찰리 멍거 역시 99세로 세상을 떠날 때까지 투자를 계속했습니다.

애초에 경제적 자립이란 앞에서 언급했듯이 다음의 상태에 있는 것을 말합니다.

- 패시브 수입으로 일상생활을 유지할 수 있는 상태 또는,
- 패시브 수입이 현재의 액티브 수입을 상회하는 것

지금 얻고 있는 수입과 동일하거나 그 이상을 투자 수익으로 충당할 수 있는 상태입니다. 일하지 않아도 최소한 「현재의 생활」을 지킬 수 있는, 그러한 자산 수입을 갖는 것을 의미합니다.

결론적으로, 경제적 자립을 달성한 후에도 불안에 휩싸이지 않고 안심하고 행복하게 살아가기 위해서는 평생 투자를 하여, 자산이 줄어들지 않는 상태, 또는 자산이 계속 불어나는 상태를

만드는 것이 필요하다고 할 수 있을 것입니다.

경제적 자립 후에도 「자산이 줄지 않는」 상태를 만든다

자산이 줄지 않는 상태를 만드는 것은 투자를 제대로 공부하고 관리해 나간다면 그리 어려운 일이 아닙니다.

프롤로그에서는 투자 수익률 4%로 운용했을 경우를 가정해 보았지만, 여기서는 더 현실적으로 7,000만 엔(약 6억 6천만 원)의 자산을 가진 사람이 연평균 6%의 수익률을 확보할 수 있다면 어떻게 될지 생각해 봅시다.

7,000만 엔을 투자하여 연평균 6%의 수익률을 확보할 수 있다면, 세전 420만 엔(약 4천만 원)의 연수입이 생기는 것과 같습니다. 따라서 연간 420만 엔으로 생활을 유지하는 라이프스타일을 따른다면, 7,000만 엔의 자산을 계속 줄이지 않고 유지하는 것이 가능합니다.

투자 수익 범위 내에서 생활한다면, 자산을 헐지 않고 패시브 수입만으로 살아갈 수 있게 됩니다. 미래에 돈이 줄어들어 결국 부족해질지 모른다는 불안 없이 살아갈 수 있는 것입니다.

420만 엔의 연수입으로는 매일 호텔이나 고급 레스토랑에서 식사하고, 호화 유람선을 타고 세계를 여행하는 등의 사치스러운 생활은 불가능할 수도 있습니다. 그러나 패시브 수입으로 일상생활비를 충당하고 있으니, 확실히 경제적 자립을 이루었다고 말할 수 있습니다.

연평균 6%의 투자 성적을 달성하는 것은 그리 어렵지 않습니다. 왜냐하면, 연평균 6%라는 것은 세계 선진국 주식의 지난 30년간의 평균 수익률이기 때문입니다. 인덱스 투자를 30년간 했다면 (감수하는 리스크와 분산 정도에 따라 다르지만), 그것만으로도 달성 가능한 수치입니다.

투자 수익은 연평균이므로, 실제로는 매년 6%의 수익을 얻지는 못합니다. 연도별로 이를 웃돌거나 밑돌기도 하지만, 수익률이 높았을 때 추가로 얻은 수익분을 재투자한다면, 수익률이 낮았을 때의 부족분을 보충할 수 있습니다.

지금 가진 자산을 늘리지도 않지만 줄이지도 않으면서, 남은 인생을 투자 수익만으로 생활하는 것은 충분히 실현 가능성이 높은 계획입니다.

경제적 자립 후에도 「자산이 불어나는」 상태를 만든다

그렇다면, 자산을 계속 늘려가려면 어떻게 해야 할까요?

몇 가지 패턴을 생각해 볼 수 있습니다.

연평균 6%의 수익률을 유지하고 연 지출 420만 엔이 변하지 않는다면, 자산 총액이 7,000만 엔을 초과한 시점부터 자산은 계속 불어납니다.

혹은, 자산 총액이 원래 7,000만 엔이 있고 연 지출 420만 엔이 변하지 않는다면, 수익률이 6%를 초과했을 때 자산 총액이 증가합니다.

또한, 자산 총액이 7,000만 엔이고 수익률 6%가 변하지 않는다고 가정했을 때, 지출이 420만 엔보다 적은 경우에도 자산은 늘어납니다.

자산 총액이 7,000만 엔을 조금이라도 초과한다면, 초과한 부분이 다시 복리로 수익을 가져다주기 때문에, 자산이 불어나는 속도는 점점 가속화될 것입니다.

이 경우, 7,000만 엔이라는 자산을 만들 수 있다면, 경제적 자립 후에 추가로 자금을 투입하지 않더라도, 패시브 수입만으로 생활하고도 자산을 계속 늘려가는 것이 가능합니다.

사실은 누구나 달성 가능한 경제적 자립

「애초에 자산 7,000만 엔(약 6억 6천만 원) 같은 건 만들 수 없어」라고 생각하실 수도 있습니다.

안심하십시오. 매월 2만 엔에서 3만 엔(약 18~28만 원)을 투자하고, 연평균 6%의 수익률을 기대할 수 있는 투자 방법을 선택한 다음, 여기에 약간의 노하우를 더한다면, 30대나 40대 분들도 정년 전에 이 금액을 달성하는 것이 충분히 가능합니다. 이 「약간의 노하우」에 대해서는 나중에 자세히 말씀드리겠습니다.

여기까지 읽으시면서, **경제적 자립이란 재벌과 같은 생활을 하는 것이 아니라, 「패시브 수입으로 액티브 수입을 충당하는」 상태를 만들면 달성할 수 있는 것이며, 이는 매월 2만 엔, 3만 엔의 저축을 할 수 있는 비교적 젊은 분이라면 누구나 정년 전에 달성 가능하다는 점**을 이해하셨을 것입니다.

실제로 연 수입 400만 엔(약 3천 8백만 원)의 직장인이라면, 60

세가 되기 훨씬 전에 무리하지 않고 경제적 자립을 달성할 수 있습니다. 시뮬레이션을 해보면, 30대, 40대 직장인 분들은 15년에서 17년 만에 경제적 자립을 달성할 수 있을 것으로 예상되는 분들이 많습니다. 즉, 45세에서 60세 사이에 달성할 수 있다는 계산이 나옵니다. 매달 추가 투자할 수 있는 자금이 더 많은 분들은 더 빨리 달성할 수 있습니다.

경제적 자립은 소수의 선택받은 사람들의 특권이 아니라, 많은 사람이 달성 가능한 것입니다.

당신의 경제적 자립에 필요한 금액은 얼마인가?

경제적 자립에 필요한
자산 총액을 산출하자

경제적 자립은 결코 어렵지 않습니다. 하지만 앞 장의 예시는 어디까지나 연간 420만 엔(약 4천만 원)의 생활 방식을 가진 분의 경우였습니다. 이 경우, 자산 7,000만 엔(약 6억 6천만 원)과 연평균 수익률 6%를 달성하면 경제적 자립이 가능했습니다.

그렇다면, 당신의 경우는 어떨까요?

경제적 자립에 필요한 금액은 사람마다 다릅니다. 당신의 경제적 자립에 필요한 액수는 친한 친구 A씨와도, 동료 B씨와도 같지는 않을 것입니다. 지금부터 당신이 경제적으로 자립할 수 있는 금융 자산 총액을 계산해 봅시다.

경제적 자립에 필요한 자산 계산의 3단계

① 패시브 수입으로 얻고 싶은 연수입을 계산한다

먼저, 패시브 수입이 얼마가 되어야 하는지 계산해 봅시다. 만약 매월 생활하는 데 25만 엔(약 230만 원)이 필요하다고 가정하면,

25만 × 12개월 = 300만 엔

연간 300만 엔(약 2천 8백만 원)의 패시브 수입이 필요하다는 의미가 됩니다.

② 현재 시장 환경에서 현실적인 투자 수익률을 설정한다

세계 주식의 지난 30년간 평균 수익률인 연 6%로 설정합시다.

③ 경제적 자립을 달성하기 위해 필요한 자산 총액을 계산한다

보유한 자산 총액에 연간 투자 수익률을 곱하면, 투자에서 얻을 수 있는 연수입(패시브 수입)을 산출할 수 있습니다. 즉,

자산 총액 × 연간 투자 수익률 = 패시브 수입

이므로, 역산하여 다음 공식으로 계산할 수 있습니다.

필요 자산 총액 = 패시브 수입 / 연간 투자 수익률

여기에 ①과 ②의 수치를 대입해 봅시다.

필요 자산 총액 = 300만 엔 / 0.06 = 5,000만 엔

매월 생활에 25만 엔이 필요한 경우, 금융 자산으로 5,000만 엔(약 4억 7천만 원)이 있다면 연간 300만 엔의 패시브 수입을 얻

을 수 있고, 매월 25만 엔의 생활비를 충당할 수 있다는 계산이 나옵니다.

여기서 중요한 것은 매월 필요한 금액을 대충 정하지 않는 것입니다. 어떤 생활 방식을 원하는지에 따라 매월 필요한 금액이 달라지므로, 정말 자신이 행복하다고 느끼는 생활 방식을 세밀하게 작성하고, 얼마가 필요한지를 현실적으로 산출해야 합니다.

타인의 소망이나 이상을 바탕으로 「행복한 라이프스타일」을 생각하고 있지는 않은가?

자, 이제 자신이 행복하게 사는 데 필요한 월 지출액을 산출해 봅시다.

여기서 많은 분들이 저지르는 실수는 「막연한 소망」이나 「동경」을 행복한 라이프스타일로 규정하는 것입니다. **소망이나 이상 속에는 사실 자신이 「진심으로 원하지 않는 것」이 포함되어 있는 경우가 매우 많습니다.**

예를 들어, 사회적으로 「이런 라이프스타일이 행복하다」고 여겨진다거나, 「이런 생활이라면 누구나 부러워할 것이다」, 「부모님이 이런 인생을 살기를 바라신다」 등, 자기 자신이 아닌 다른 누군가가 행복하다고 느끼는 라이프스타일이 자신의 소망이나 이상에 포함되어 있는 경우가 흔합니다.

이러한 소망이나 이상을 바탕으로 살고 싶은 라이프스타일을 결정하면, 실제로 그 생활이 실현되었을 때 「전혀 행복하지 않았다」, 「내가 원했던 생활이 아니었다」라고 느끼게 되는 경우가 많습니다.

그 소망은 정말로 당신이 원하는 것입니까?

구체적인 예를 들어 봅시다. 당신은 집에 있는 것을 좋아하고, 휴일에는 집에서 편안하게 음악을 듣거나 동영상을 보면서 시간을 보내는 것을 선호하며, 실제로 그렇게 하고 있다고 가정합니다. 그런데 「당신이 원하는 라이프스타일을 생각해 보세요!」라는 말을 들으면, 「3개월에 한 번은 국내 여행을 하고 싶다」, 「년에 1회는 해외여행도 하고 싶다」, 「외식은 매주 1회, 영화도 한 달에 2회는 보고 싶다」 등 갑자기 머리로 생각해 낸 「이상적인 모습」을 나열하게 됩니다.

　여기서 흔히 듣는 반론은 「맞아요, 집에 자주 있긴 하지만, 그건 돈이 없어서 그런 거고, 돈이 있다면 밖에 나가서 놀고 싶고, 맛집도 가고 싶고, 여행도 하고 싶어요!」라는 것입니다.

　하지만 실제로 경제적 자립을 달성하여 그것이 가능한 상황이 되었을 때, 예를 들어 1년이 지나고 보면 그런 방식으로 시간을 보내지 않았던 분들이 대부분입니다. 물론 모든 경우가 그렇지는 않지만, **돈이 없어서 그렇게 한다고 착각하는 일 중 상당수는 사실 자신이 원하지 않아서 그렇게 하지 않는 경우가 많습니다.**

　만약 정말 외출을 좋아한다면, 돈이 들지 않는 방식은 얼마든지 있고, 여행 역시 인터넷으로 찾아보면 저렴하게 다녀올 수 있는 방법을 쉽게 찾을 수 있습니다. 지금 그렇게 하고 있지 않다는 것은, 당신이 그것에 매력을 느끼지 않을 가능성이 높으며, 즉 돈이 있다 하더라도 외출하거나 여행하지 않을 가능성이 높다는 것입니다.

　제 지인 중에는 경제적 자립을 달성한 분이 있는데, 그는 돈을 어디에 써야 할지 몰라 선배의 추천으로 호화 유람선 여행을 떠났습니다. 하지만 3일 만에 후회했다고 합니다. 호화 유람선에는 수영장, 테니스 코트, 영화관 등 다양한 오락 시설과 일류 레스토랑이 갖춰져 있었지만, 그는 전혀 행복을 느끼지 못했다고 말했습니다.

그가 정말로 행복을 느끼는 것은 비즈니스 전문 서적을 읽었을 때라는 것을 깨달았다고 합니다. 이것 역시 「소망」이나 「이상」 속에 자신이 「진심으로 원하지 않는 것」이 포함되어 있는 한 예일 것입니다.

금융청이 산출했던 연금 2,000만 엔(1억 9천만 원) 부족이라는 추정치도 마찬가지입니다. 그 추정치의 바탕이 된 라이프스타일은 평균적인 60대 부부가 「바라는」, 모든 영역에서 평균 이상을 원하는 사람들의 전형적인 생활이라고는 하지만, 시뮬레이션에 사용된 생활을 당신이 정말로 원하느냐고 묻는다면, 대답은 NO일 경우가 대부분일 것입니다.

사람은 각자 행복을 느끼는 생활, 원하는 라이프스타일이 다릅니다. 그런데도 일반적으로 행복하다고 여겨지는 라이프스타일을 상정하고, 「이것이 세상의 평균이다」라는 감으로 필요한 자산액을 산출해 버리면, 현실과 동떨어진 금액이 산출되게 됩니다.

우선 당신의 「가치관」을 찾아보자

「자신이 행복을 느끼는 라이프스타일이란 무엇인가?」라는 질문에 즉시 대답할 수 있는 사람은 많지 않습니다. 그래서 여기서는 간단하게 그것을 특정하는 방법을 소개하겠습니다.

그것은 바로 당신의 진정한 「가치관」을 명확히 하는 것에서 시작합니다.

앞서 말씀드렸듯이, 당신이 행복을 느끼는 라이프스타일은 다음과 같습니다.

○ 당신의 가치관을 충족시키는 라이프스타일
× 이상적인 라이프스타일

참고로 여기서 말하는 「가치관」은 세상에서 일반적으로 사용되는 의미와는 조금 다른 의미로 사용하고 있습니다.

예를 들어, 앞에서 사례로 들었던 분의 가치관은 「최신 비즈니스 지식을 책 등의 정보원에서 흡수하는 것」이라고 추측할 수 있습니다.

그가 행복을 느끼는 라이프스타일은 그의 가치관(책 등의 정보원에서 새로운 지식을 흡수하는 것)을 충족시키는 것, 즉 원할 때 좋아하는 책을 꺼내서 정독할 수 있는 환경에서 사는 것입니다.

당신 고유의 가치관을 찾는 방법

가치관은 유년기의 결핍감으로부터 형성됩니다. 당신의 가치관은 지금 당신이 인식하고 있는 것과 다른 경우가 많으며, 심지어 **자신의 가치관이라고 생각했던 것이 사실은 부모의 가치관이었던 사례**도 흔히 볼 수 있습니다.

그 사람의 진정한 가치관은 그 사람의 무의식층에 숨어 있습니다. **무의식에 접근하면, 당신의 진정한 가치관을 알 수 있습니다.**

이 사실을 발견한 인간 행동학의 세계적 권위자인 존 F. 디마티니(John F. Demartini)는 무의식층에 접근하여 가치관을 과학적으로 도출하는 워크숍을 개발했습니다. 그것이 오늘 여러분께 소개해 드릴 방법론입니다.

저도 그분께 10년 이상 가르침을 받았으며, 이 워크숍의 해설 동영상과 워크시트를 이 책을 읽으시는 여러분에게 무료로 제공하는 것을 허락받았습니다. 아래 QR 코드를 스캔하거나 링크에 접속하면 LINE 친구 추가 페이지가 표시되므로, 친구로 추가해 주십시오. 자동 응답으로 「가치관 분석 워크숍」과 워크시트가 도착합니다. 꼭 당신 고유의 가치관을 명확히 언어화해 보시기 바랍니다.

가치관을 충족시키는 활동에는 당신의 재능과 천재성 역시 숨겨져 있습니다. 자신의 진정한 가치관을 깨닫지 못했다는 것은, 당신이 지금까지 자신의 재능이나 천재성도 깨닫지 못했다는 의미가 됩니다.

가치관이 명확해짐으로써, 지금까지 스스로도 자각하지 못했던 숨겨진 재능을 발견한 사례는 일일이 열거할 수 없을 정도로 많습니다. 당신의 재능을 발굴한다는 의미에서도 「가치관 분석 워크숍」을 꼭 실행해 보시기 바랍니다.

당신의 진정한 가치관이 명확해진다면, 그 가치관에 맞는 라이프스타일을 특정할 수 있습니다. 그것이야말로 당신이 진심으로 행복을 느끼는 라이프스타일입니다.

행복한 라이프스타일을 보내기 위해 필요한 돈

자, 이제 당신이 행복을 느끼는 라이프스타일을 보내기 위해 월 얼마가 필요한지를 산출해 봅시다. 「가치관 분석 워크숍」을 완료한 후에 실행하는 것이 더 정확한 산출을 할 수 있지만, 지금 당장 완료하지 않았더라도 괜찮습니다. 계산 방법을 익히기 위해 현재의 생활을 바탕으로 산출해 주셔도 됩니다.

주거비 (월세/대출)	원 —	원 ○	원
식비	원 —	원 ○	원
광열비/수도/통신비	원 —	원 ○	원
교통비	원 —	원 ○	원
보험료	원 —	원 ○	원
용돈/오락비	원 —	원 ○	원
기타 지출	원 —	원 ○	원
합계	원 —	원 ○	원

【산출 방법】

① 먼저, 현재의 매월 생활비를 위 표의 왼쪽 칸에 기입합니다.

② 각 항목에 대해, 가치관에 맞지 않는 지출을 정리하면 얼마나 줄일 수 있는지를 계산하여 중앙 칸에 기입합니다.

③ 정리한 후의 금액을 계산하여 오른쪽 칸에 기입하고, 합
  계를 냅니다.

이 합계 금액이 당신이 행복하게 살기 위해 필요한 월 지출
액입니다. 여기에 12를 곱하면, 당신이 행복하게 살기 위해 필요
한 연수입이 됩니다.

매월 25만 엔(약 230만 원)이 필요하다고 생각했지만, 정말 행
복을 느끼는 라이프스타일에 필요한 금액은 월 20만 엔(약 180만
원)으로 나올 수도 있습니다.

이 추정치를 내본 분들의 대부분은 필요하다고 생각했던 금
액보다 낮은 금액이 나옵니다. 우리는 자신이 생각했던 금액보
다 훨씬 낮은 금액으로도 행복하게 인생을 살아갈 수 있는 것입
니다. 이 금액을 알게 된 것만으로도 미래의 돈에 대한 불안이 사
라졌다는 분들이 많습니다.

필요 자산 총액도 계산해 보자

필요한 월 지출액을 알았으니, 경제적 자립에 필요한 자산 총
액도 계산해 봅시다.

필요한 생활비가 월 20만 엔(약 185만 원)이라면, 연간으로는 240만 엔(약 2천 3백만 원)입니다. 즉, 패시브 수입 240만 엔이 필요합니다. 투자 수익률은 이전과 마찬가지로 연 6%로 가정합시다.

이미 말씀드린 것처럼, 「필요 자산 총액 = 패시브 수입 / 연간 투자 수익률」의 공식을 사용하여, 숫자를 대입하면 필요한 자산 총액은 240만 엔 / 0.06 = 4,000만 엔(약 3억 8천만 원)이 됩니다.

월 25만 엔이 필요하다고 생각했을 때는 총자산 5,000만 엔(약 4억 7천만 원)이 필요했습니다. 하지만 행복한 라이프스타일을 보내기 위해서는 사실 4,000만 엔만 있으면 된다는 것을 알게 되는 것입니다.

이 방식으로 계산하면 거의 모든 분이 필요 금액이 처음에 예상했던 금액보다 낮게 나옵니다. 월 5만 엔(약 47만 원), 6만 엔(약 57만 원)씩 낮아지는 분도 있습니다. 연간으로 따지면 60만 엔(약 570만 원)~70만 엔(약 660만 원)입니다. 60세 ~ 85세까지의 25년 동안으로 계산하면 차액이 1,500만 엔(약 1억 4천만 원) ~ 1,750만 엔(약 1억 7천만 원)이나 됩니다.

만약 이 금액(가치관에 맞지 않는 지출을 줄여 생긴 여윳돈)을 모두 투자에 재투입한다면(원래 자신의 가치관에 맞지 않는 지출이므로, 지출을 줄여도 전혀 괴롭지 않습니다), 목표로 하는 자산 총액을 훨씬 더 빨리 달성할 수 있습니다. 예를 들어, 금융청 홈페이지의 자산 시뮬레이션으로 계산해 보면(연평균 6% 수익률로 20년 운용), 약 3,465만 엔(약 3억 3천만 원) 가까이 됩니다.

정말 자신이 행복을 느끼는 라이프스타일을 특정하여 여윳돈을 만들고, 남은 돈을 투자에 투입하는 것만으로 20년 만에 3,400만 엔(약 3억 2천만 원)~3,500만 엔(약 3억 3천만 원)을 만들 수 있는 것입니다.

가치관을 알면, 절약하지 않아도 지출은 줄어든다

앞서 이야기했듯이, 우리의 라이프스타일에는 크든 작든 사회나 타인의 가치관이 반영되어 있습니다.

대부분의 사람들은 사회적으로 「이것을 가지면 행복하다」고 믿어지는 것들 예를 들어 사회적 평가가 높은 직업, 지위, 위신, 집, 차, 여행, 외식, 결혼 등을 얻는 것을 목표로 삼거나 실제로 이미 소유하고 있습니다. 심지어 무엇을 하며 시간을 보낼지 결정하는 것 역시 타인의 가치관에 기초한 경우가 일반적입니다.

하지만, 「이 지출이 정말로 나의 가치관을 충족시키는가」라는 시각으로 되돌아보면, 여기에 돈을 써도, 혹은 이것들을 손에 넣어도 자신은 행복을 느끼지 못하는 경우가 많다는 것을 발견하게 됩니다. 이러한 지출은 아무런 미련 없이 정리할 수 있는 경우가 정말로 많습니다.

자신의 가치관에 비추어 「행복하게 살기 위한 월 지출액」을 산출해보면, 거의 예외 없이 금액이 줄어든다는 것은 바로 이러한 경험 법칙에서 비롯됩니다.

이러한 지출 감소는 피를 말리듯 억지로 절약해서 달성한 것이 아닙니다. 현재의 행복을 희생하며 짜낸 돈이 아니라, 애초에 없어도 당신에게는 아무런 문제가 없었던 돈입니다. 없어도 문제가 없었다는 사실을 그저 모르고 있었을 뿐입니다.

꼭 필요한 경비라고 굳게 믿고 있었지만, 실제로는 없어도 괜찮았던 지출이 가치관을 재검토하는 과정에서 많이 드러나게 됩니다.

모든 사람을 한데 묶어 「2천만 엔이 부족하다」는 식의 추정치는 개인의 개별적인 사정을 지나치게 무시한 것입니다. 노후에 생활 자금이 부족할까 봐 걱정할 필요는 없습니다.

　현실을 명확히 직시하고, 우선은 미래에 대해 안심하도록 합시다.

현실을 명확히 직시하고, 우선은 미래에 대해 안심하도록 합

경제적 자립에 필수적인
「뇌와 마음의 전환」

「뇌와 마음의 전환」이 경제적 자립을 순조롭게 한다

이제 경제적 자립을 실현하기 위해 반드시 큰 부자가 될 필요는 없으며, 평범한 직장인이나 개인 사업자도 충분히 달성할 수 있다고 제가 단언하는 이유를 이해하셨을 것입니다.

그리고 경제적 자립의 실현을 더욱더 쉽게 만들기 위해 우리가 추가로 할 수 있는 일이 있습니다.

이 부분을 확실히 숙지해두면, **억지로 참아가며 저축에 매달리거나 피눈물 나는 노력이나 신경을 곤두세우는 듯한 투자를 하지 않고도, 보다 자연스럽게, 보다 순조롭게 자산을 늘려나가는 것이 가능**해집니다.

필요한 것은 다음 두 가지입니다.

- 뇌의 전환
- 마음의 전환

가치관을 바탕으로 필요한 지출을 산출하는 것에 더해, 이 두 가지를 미리 갖추어 놓아야 합니다.

「저축하는 뇌」와 「소비하는 뇌」에서 「투자하는 뇌」로

농경 민족의 뇌와 수렵 민족의 뇌

많은 분들과 돈에 관한 상담을 하면서, 돈과 관련된 뇌의 작동 방식에 있어 사람의 뇌에는 두 가지 유형이 있다는 것을 느끼고 있습니다. 그중 하나는 「저축하는 뇌」입니다.

「저축하는 뇌」란, 불안과 걱정 때문에 투자하지 못하고, 원금 손실이 없는 정기예금을 선호하는 뇌를 말합니다. 일본인은 국민성도 영향을 미쳐서 「저축하는 뇌」를 가진 사람이 매우 많은데, 그 이유는 조상의 대다수가 오랫동안 농경 민족이었던 것과 관련이 있다고 생각합니다. 저축이 미덕으로 여겨져 온 문화적·사회적 배경이 있으며, 무언가를 꾸준히 키워나가는 것을 기쁨으로 여기는 뇌가 발달해 있습니다. 선조 대대로 같은 땅에서 자연과 조화롭게 살며 짐승과의 싸움을 피해 살아왔습니다.

조상의 다수가 목숨을 「걸고」 잡을 수 있을지 없을지 모르는 수렵으로 생계를 꾸리는 대신, 씨앗을 뿌려 꾸준히 키우면 가을에 일정한 양의 쌀을 수확할 수 있는 길을 택한 사람들입니다.

그렇기 때문에 일본인의 뇌는 위험을 감수하지 않고 꾸준히 키워나가는 신경 회로가 발달한 듯합니다. 이것을 저는 「농경 민족의 뇌」라고 부릅니다.

반면에 서양 사람들은, 죽을 위험을 무릅쓰고라도 사냥을 나가서 먹이를 잡는, 다시 말해 위험을 감수하고 대가를 얻는 「위험과 수익의 개념」이 태어날 때부터 깊이 박혀 있는 것처럼 느껴집니다.

「위험과 수익의 개념」이란, 높은 위험을 감수하면 높은 수익을 얻을 가능성이 생기고, 반대로 낮은 위험만 감수하면 낮은 수익밖에 얻을 수 없는 현실을 말합니다. 서양 사람들의 다수는 그 관계를 배우지 않아도 감각적으로 이해할 수 있습니다. 오랫동안 위험과 수익의 개념을 이해하는 신경 회로가 발달해 왔기 때문에, 높은 위험을 감수했다고 해서 반드시 높은 수익을 얻는 것은 아니라는 점도 이해하고 있습니다. 이것을 저는 「수렵 민족의 뇌」라고 부릅니다.

투자라는 개념과 시스템은 서양에서 탄생하고 발달해 온 것입니다. 따라서 그 근간에는 「수렵 민족의 뇌」적 요소가 깔려 있습니다. 그 개념과 시스템, 그리고 감각을 우리가 「농경 민족의 뇌」인

채로 이해하려고 하니 어려운 것입니다.

「농경 민족의 뇌」에게 투자는 미지의 세계이며, 「안전지대」 밖에 있는 행위이므로 두려움을 느끼고 좀처럼 발을 들여놓지 못합니다.

한편, 일본인은 복권 애호가입니다. 복권은 위험을 감수하고 대가를 얻는 것이 아니라, 일확천금을 노리는 행위입니다. 당첨을 꿈꾸며 도박을 하는 것입니다. 그렇기 때문에 복권을 아무리 많이 시도 위험을 감수하는 뇌는 길러지지 않습니다. 교통사고보다 당첨 확률이 낮은 복권에 계속 돈을 쏟아붓는 사람을 저는 「도박 뇌」를 가진 「무모한」 사람이라고 부르고 있습니다.

저축하는 뇌에서 투자하는 뇌로 전환하기

「농경 민족의 뇌」이면서 「도박 뇌」를 가진 채 투자를 하면, 일확천금을 꿈꾸며 위험을 감수하고 계획없이 갑작스럽게 시도하여 실패를 겪게 됩니다.

「농경 민족의 뇌」이지만 「도박 뇌」는 아닌 사람은, 투자에 발을 들이지 못하고 계속 정기 예금만 보유하려고 합니다. 가령 「농경 민족의 뇌」인 채로 투자를 시작하더라도, 위험과 수익의 개념을 이해하지 못하기 때문에 투자를 통해 재산을 모으기는 어려울 것입니다.

투자를 시작하기 전에 「농경 민족의 뇌」에서 「수렵 민족의 뇌」로 전환하는 것이 필요합니다. 그것은 곧, 「저축하는 뇌」에서 「투자하는 뇌」로 전환하는 것입니다.

소비하는 뇌에서 투자하는 뇌로 전환하기

일본인에게 많은 또 다른 유형은 「소비하는 뇌」입니다.

「소비하는 뇌」란, 돈을 사용할 때 말 그대로 「소비하는 것에서 기쁨을 느끼는 뇌」를 말합니다.

기쁨과 같은 감정은 마음이 아니라 뇌 속에서 호르몬이 분비되어 느껴지는 것입니다. 여러분도 무언가를 손에 넣었을 때 흥분하거나 설레는 느낌을 가져보셨을 텐데, 이는 도파민이라는 호르몬의 작용입니다.

투자는 바로 이 기쁨을 「뒤로 미루는 행위」입니다. 기쁨을 미래까지 계속 보류할 수 있고, 오히려 보류하는 것 자체에서 기쁨을 느끼는, 그런 뇌가 투자에는 필요합니다.

매일 행동하고 결단할 때, 지금 무언가를 손에 넣는 것에서 기쁨을 느끼는지, 아니면 나중을 위해 보류하는 것에서 기쁨을 느끼는지의 차이입니다. 다르게 말하면, 장기적인 시야를 가지고 있는지 아닌지의 차이입니다. 이것이야말로 「투자하는 뇌」입니다. 심리학 실험 중에 유명한 「마시멜로 실험」이 있습니다.

이 실험은 아이들의 「만족을 뒤로 미루는 능력」을 조사하는 것입니다. 아이들은 눈앞에 있는 마시멜로를 15분 동안 먹지 않고 참으면, 더 많은 마시멜로를 받을 수 있다는 말을 듣습니다. 그 결과, 절반의 아이들은 참았지만, 나머지 절반의 아이들은 참지 못하고 먹어버렸다고 합니다.

마시멜로를 보류할 수 있는지의 여부는 5세 미만과 5세 이상에서 확연히 차이가 있다고 합니다. 5세 미만은 참지 못하고 먹어버리는 반면, 5세 이상이 되면 먹지 않고 기다리는 경향을 보입니다.

이는 뇌의 발달 정도와 관련이 있습니다. 물론, 먹지 않고 기다릴 수 있는 사람이 「투자하는 뇌」의 소유자입니다.

편도체 우위에서 전전두피질 우위로 전환하기

인간은 5세가 지날 무렵부터 인간 특유의 뇌 부위인 전전두피질이 발달하기 시작합니다. 그전까지는 뇌가 아직 완성되지 않은 상태입니다. 5세 미만은 파충류도 가지고 있는 편도체라는 부위를 주로 작동시키며 생활합니다. 편도체는 감정을 주관하는 부위입니다. 그렇기 때문에 5세 미만의 아이들은 감정을 스스로 통제할 수 없습니다.

싫으면 울고, 기쁘면 기뻐합니다.

또한 편도체는 기쁨을 뒤로 미루고 장기적인 시야로 사물을 생각하는 것에도 서툽니다. 편도체는「지금 당장」즐기고 싶어 합니다. 이것이 바로「소비하는 뇌」의 정체입니다. 어른이 되어서도 전전두피질보다 편도체가 더 활발하여, 편도체에 자신이 통제되는 상태인 사람들이 있습니다.

편도체 우위인 채로 어른이 되면,「소비하는 뇌」가 우위인 채로 인생을 살게 됩니다. 그러면 아무리 지식과 기술을 배워도 장기적인 시야로 생각할 수 없게 됩니다. 기쁨을 뒤로 미루지 못하고 당장 이익을 누리려 하며, 전전두피질을 사용한 냉정한 판단이 불가능해지는 것입니다.

그렇기 때문에 소비 행동에서는 깊이 생각하지 않고 충동적으로 물건을 사거나, 투자 행동에서는 가격이 오르면 즉시 이익을 확정해 버리거나, 하락하고 있을 때 불안감에 휩싸여 팔아버리는 등, 감정에 휘둘려 실패하기 쉽습니다.

따라서 **투자를 하기 전에 「농경 민족의 뇌」에서 「수렵 민족의 뇌」로, 나아가 「편도체 우위의 소비하는 뇌」에서 「전전두피질 우위의 투자하는 뇌」로 전환할 필요가 있는 것입니다.**

투자를 시작하기 전에 풍요로운 내면을 만들자

「투자에 멘탈 강도는 필수적인가요?」

자주 받는 질문이지만, 투자에 멘탈 강도는 전혀 필요하지 않습니다.

워렌 버핏의 「투자는 감정적이 되면 패배한다」는 말은 유명합니다. 많은 분들이 이 말을 「예상치 못한 하락이 발생했을 때도 평정심을 유지할 수 있는 멘탈 강도가 필요하다」라고 해석하지만, 그렇지 않습니다.

애초에, 「예상치 못한 하락」이 발생할 확률을 최소화하는 투자, 즉 위험을 통제하는 투자를 하고 있다면 멘탈 강도 따위는 필요하지 않습니다. 구체적인 투자법은 2부에서 자세히 설명하겠습니다. 멘탈 강도가 필요해지는 것은 오직 위험 통제를 하지 않는 투자를 하고 있을 때뿐입니다.

여기서는 투자를 시작하기 전에 「멘탈을 강하게 만드는 것」이 아니라, 「특정 마음의 상태를 만드는 것」이 중요하다는 점을 알려드리고자 합니다.

형성할 수 있는 자산의 규모는 정신성과 비례한다

마음의 상태와 투자의 관계에 대해 여러분이 반드시 알아두었으면 하는 진실이 있습니다. 그것은 바로 **「형성할 수 있는 자산의 규모는 정신성과 비례한다」**는 것입니다.

여기서 말하는 정신성이란 「시야가 넓고 관점의 수준이 높다」는 것을 의미합니다. 이를 자기 긍정감, 자기 가치감, 자기 효능감이 높은 상태로 바꾸어 말할 수도 있습니다.

예를 들어, 자신의 가치를 1억 엔(약 9억 5천만 원)에 상당하는 것으로 본다면, 1억 엔의 자산을 쌓을 수 있습니다. 그러나 스스로 인정하는 자신의 가치가 300만 엔(약 2,800만 원)이라면, 300만 엔의 자산밖에 쌓을 수 없습니다. 일시적으로 그보다 많은 돈을 손에 넣더라도, 곧바로 잃어버리게 됩니다. 자신이 생각하는 자신의 가치만큼만 자산을 형성할 수 있는 것입니다.

예를 들어, 정신적인 수준이 동반되지 않은 채 복권에 당첨된 사람들이나 막대한 유산을 상속받은 사람들의 상당수가 짧은 시간안에 그 돈을 모두 탕진하고, 때로는 빚까지 지게 되는 경우가 흔합니다.

부를 형성하기 위해 필요한 마음의 상태

그렇다면 부를 형성하기 위해서는 다음과 같은 마음 상태를 갖출 필요가 있습니다.

① 마음이 충족되어 있는 상태일 것
② 자산을 만드는 것에 가치를 느끼고 있을 것
③ 자산을 만드는 것에 대의명분이 있을 것

첫 번째로 「마음이 충족되어 있는 상태」란, 현재 자신의 인생에 등장하는 모든 물건과 일, 사람들에 대해 「이들과 함께 살 수 있어서 행복하고, 감사하다」고 느끼고 있음을 의미합니다.

감사한 상태에 있을 때, 마음은 충족됩니다. 「이대로는 노후

 경제적 자립에 필수적인 「뇌와 마음의 전환」　81

가 불안한」 마음 상태에서 투자를 시작한다고 가정해 봅시다. 그러면 불안은 조급함을 낳고, 조급함은 더 짧은 기간에 더 많은 수익을 얻고 싶다는 욕심을 낳습니다. 이는 편도체 우위로 인한 단기적이고 감정에 휘둘리는 투자 행동을 취하게 하며, 기쁨을 뒤로 미루는 마음도 불가능하게 만듭니다.

혹은 매달 받는 월급만으로는 조금 부족하니, 이를 보충하기 위해 투자를 하는 심리 상태도 마찬가지로 조급함을 낳습니다.

즉, 「돈이 없다, 부족하다」고 생각해서 투자하는 것이 아니라, 「지금 현재 가지고 있는 것」에 의식의 초점이 맞춰져 있고, 그들에게 둘러싸여 있는 것에 감사하며 마음이 충족된 상태로 투자를 시작하는 것이 매우 중요합니다. 이 상태로 투자를 시작하면 자산은 계속 불어나게 됩니다.

마음이 감사한 상태에 있을 때는 불안이나 걱정을 느끼지 않습니다. **「감사」와 「불안·걱정」은 공존할 수 없기 때문입니다. 불안이나 걱정이 없는 상태가 되면 편도체가 잠잠해지고, 전전두피질이 우위인 투자하는 뇌를 만들 수 있습니다. 그러면 장기적인 시야를 갖게 되고, 눈앞의 주가에 일희일비하지 않으며 항상 논리적으로 생각하고 안심하며 장기 투자에 전념할 수 있습니다.**

두 번째로 「자산을 만드는 것에 가치를 느끼고 있는 상태」
로 넘어가겠습니다. 가치를 「느끼는지」 혹은 「느끼지 않는지」
는 우리의 행동과 마음을 결정하는 데 매우 중요합니다.

가치관학이라는 학문에서는

- 인간은 누구나 스스로 가치를 느낄 만한 것을 하고 있을
  때 행복을 느낀다.
- 그 행복감은 그 행동을 지속하는 한 유지된다.

는 사실을 밝혀냈습니다.

우리는 무언가를 달성했을 때 행복감을 느끼지만, 성취감
에서 얻는 행복감은 일시적입니다. 시간이 지남에 따라 저하
됩니다.

반면에, 가치를 느끼는 활동을 하고 있을 때에는 결과적으로
달성했는지 여부와 관계없이, 활동하고 있는 그 순간에 행복감
을 느낍니다.

이러한 상태가 되기 위해서는 「자산을 형성하는 것은 소비
를 하는 것보다 가치가 높은 일이다」라는 것을 의식 수준은 물
론 무의식 수준에서도 인식하고 있는 것이 중요합니다. 그러한

마음의 상태에 있다면, 자산을 형성해 나가는 과정 자체에서 행복을 느끼므로, 억지로 참지 않아도 자연스럽게 소비가 아닌 저축이나 투자 쪽으로 돈을 돌릴 수 있는 것입니다.

마지막으로 「자산을 만드는 것의 대의명분」은 생소한 단어일 것입니다. 이는 당신이 자산을 형성하려는 이유에 이기심을 넘어 이타심으로 이어지는 목적이 포함되어 있음을 의미합니다.

자산 형성의 목적이 「자신의 노후를 위해서」뿐이라면, 자칫 단기적인 욕구에 그치게 됩니다. 인간은 누구나 먼 미래에 얻는 이익보다 지금 당장 손에 넣을 수 있는 이익을 더 매력적으로 느끼기 때문입니다.

반면에, 자신의 노후만을 위해서가 아니라 자신이 평생을 걸쳐 몰두하고 싶은 일을 위해 자산을 구축하는 것이라는 이기심을 넘어선 목적이 있다면, 그것은 더욱 강한 의지가 되어 단기적인 욕구를 이겨낼 수 있습니다.

대의명분이 있으면 「반드시 자산을 형성하겠다!」는 강한 의지가 생겨나, 소비하는 뇌에서 투자하는 뇌로의 전환을 돕게 됩니다. 여기서 중요한 것은, 그 대의명분에 개인적으로 가치를 느끼고 있어야 한다는 것입니다.

풍요로운 내면을 만들고 나서 시작할 것. 이것이 철칙입니다. 제 경험상 **투자에서는 이러한 정신적인 측면의 영향을 절대 가볍게 볼 수 없습니다.**

돈이 드는 일도 아닙니다. 투자를 시작하기 전에 자신의 마음 상태에 문제가 없는지 확인해보시기 바랍니다.

경제적 자립을 위한
「투자 뇌」 개발 워크

「투자하는 뇌」로 전환합시다!

제1부의 마지막에, 실제로 「투자하는 뇌」로의 전환을 도모하는 워크를 해 봅시다. 제가 주최하는 인생 디자인 구축 학교나 강연회에서 연인원 2만 명이 넘는 분들이 실제로 참여하여 뇌의 전환을 이루고, 보다 효과적인 자산 형성으로 연결하고 있는 워크입니다. 부디 즐거운 마음으로 임해 주시기 바랍니다.

성공적인 자산 구축의 원리 원칙

조기에 경제적 자립을 실현하려면 올바른 순서대로 따라야 합니다. 제4장에서 말씀드렸듯이, 현재 수입으로는 부족하니 투자를 통해 그 부족분을 메우려 한다면 실패하게 됩니다.

가장 먼저, 지금 이미 필요한 것들은 모두 갖춰져 있어 풍요롭다고 느낄 수 있는 마음의 상태를 만드는 것이 필요합니다. 그러기 위해서는 당장의 생활에 필요한 돈은 투자를 통해 만드는 것이 아니라, 액티브 수입으로 충당하는 것이 필수입니다.

「그게 되면 고생도 안 하죠」라는 목소리가 들려오는 듯합니다. 그런 경우라면, 그다음으로 왜 현재 생활에 필요한 돈을 패시브 수입으로 충당할 수 없는지 생각해 봅시다.

그것은 일을 억지로 참고 하기 때문입니다. 싫은 일을 마지 못해 하고 있다면 높은 성과를 올릴 수 없습니다. 자기가 할 수 있는 최고의 성과를 낼 수 없으니 만족할 만한 수입을 얻지 못하는 것입니다.

결국 패시브 수입을 늘리는 것을 포기하고 투자를 통해 충당하려 합니다. 그러면 투자마저 실패합니다. 그것이 바로 자산 구축에 실패하는 전형적인 패턴입니다.

그렇다면 어떻게 해야 할까요? 지금부터 그 방법을 알려드리겠습니다.

뇌 전환 단계 1

즐겁고 행복하게
액티브 수입을 극대화하기

인간 행동학에서는 액티브 수입을 높이기 위해 필수적인 요소로 다음 3가지를 들고 있습니다.

① 당신 고유의 재능과 천재성을 120% 발휘할 수 있을 것

② 그 일을 즐겁다고 느낄 수 있을 것

③ 그 일이 당신 고유의 가치관을 충족시키고 있을 것

일에서 재능을 발휘할 수 있게 되면, 스스로 「멋지다!」고 생각하게 되므로 더욱더 의욕이 넘치게 됩니다. 아이디어가 계속 샘솟고, 선제적으로 조치해야 할 일 등도 눈에 들어오게 됩니다. 그러면 평가가 높아집니다. 평가가 높아지면 수입도 올라갑니다.

「재능을 발휘할 수 있는 일에 종사하고 싶은 마음은 굴뚝같지만, 애초에 내 재능이 어디에 있는지 모르겠다」는 분도 많을 것입니다. 그런 분들은 기억하십시오.

당신의 가치관을 충족시키는 영역에 아직 발견하지 못한 재능과 천재성이 잠들어 있습니다.

당신이 가치를 느끼는 일을 직업으로 삼는다면, 당신의 재능과 천재성은 저절로 발휘될 것입니다. 그 결과 평가가 오르고 수입 증가로 이어집니다.

가치관을 충족시키는 일을 직업으로 삼으면 얻을 수 있는 것

가치를 느끼는 일을 직업으로 삼으면,

- 업무 성과가 향상된다

- 주의력, 집중력, 지속력이 발휘된다

- 동기 부여 상태가 늘 높게 유지된다

- 재능과 천재성이 발휘된다

- 놀이처럼 즐겁다

- 즐겁기 때문에 자발적으로 계속하게 된다

- 영감이 계속 샘솟는다

- 자여스럽게 리더십을 발휘하게 된다

- 평가가 올라가며, 일을 맡기는 사람들이 늘면서
  자신의 포지셔닝이 명확해진다

- 더욱 활약할 수 있는 기회가 찾아온다

- 더 즐거워지고, 더 높은 평가를 받는다

이와 같은 선순환을 창출하게 됩니다.

여기서 나오는 질문이 바로 「지금 하는 일이 가치관에 맞지 않으면 어떻게 해야 하나요?」「이직하는 수밖에 없나요?」입니다. 이직이 순조롭게 이루어지면 좋겠지만, 당장 이직하라고 말해도 현실적으로 어려운 분들도 있을 것입니다.

그렇더라도 안심하십시오. 특별한 비결이 있습니다.

그것은 「**지금 하는 일 속에서, 가치관을 충족시키는 요소를 찾**

아내는 것」입니다.

　사실 어떤 일에서든 당신의 가치관을 충족시키는 요소를 찾아낼 수 있습니다. 예전에 저의 고객 중 다마키 씨가 있었는데, 경리 업무를 하고 있었습니다. 그분의 가치관은 「사람들과의 관계를 깊게 하는 것」이었습니다.

　하지만 경리 업무는 혼자 묵묵히 처리해야 하는 입력 작업이 많았고, 다마키 씨는 그 일을 몹시 싫어했습니다. 경리 업무가 「사람들과의 관계를 깊게 하는」 가치관을 충족시켜 줄 것이라고는 도저히 생각되지 않았습니다.

　그래서 저는 다음과 같은 질문을 해 보았습니다.

　「영수증을 입력함으로써 당신은 무엇을 얻습니까? 지식이든 기술이든 좋습니다.」

　다마키 씨는 한참을 생각한 뒤 이렇게 대답했습니다.

　「그러고 보니, 저는 영수증을 통해 다른 사람들은 알지 못하는 정보를 많이 가지고 있습니다.」

　「그 정보가 어떤 식으로든 도움이 되고 있습니까?」

　「아뇨, 딱히. 누가 누구랑 친하고, 사람들이 자주 가는 식당 같은 것 외에는요....」

　「하지만 그 정보는 당신만이 가지고 있지 않습니까?」

「네.」

「그 정보를 가지고 있기 때문에, 당신을 찾아오는 사람들이 있지는 않습니까?」

「듣고 보니 그렇네요. 사내 인간관계를 잘 아니까, 저에게 와서 물어보는 사람이 많아요.」

영수증을 통해 알게 된 정보를 얻기 위해 사내의 많은 사람이 다마키 씨를 찾아왔던 것입니다. 스스로는 깨닫지 못했지만, 혼자 묵묵히 하는 지루한 일이라고 생각했던 경리 업무에 「사람들과의 관계를 깊게 하는」 다마키 씨의 가치관을 충족시키는 요소가 존재했던 것입니다.

이것은 다마키 씨에게만 해당되는 이야기가 아닙니다. 누구에게나 적용됩니다.

지금 하는 일이 싫다, 재미없다며 억지로 참고 하는 분들은 「지금 하는 일 속에 자신의 가치관을 충족시키는 요소가 있는지」 한번 생각해 보십시오. 핵심은 「그 일을 함으로써 자신이 얻고 있는 것이 무엇인가」를 찾는 것입니다. 다마키 씨의 경우, 인간 관계에 대한 정보였습니다.

우리는 일단 싫다고 느끼면, 그 일에서 얻고 있는 것이 있더라도 그것을 알아차리지 못합니다. 하지만 반드시 얻고 있는 것이 있으니, 꼭 찾아보시기 바랍니다.

얻고 있는 것을 깨달았다면, 그다음은 그것이 당신의 가치관을 어떻게 충족시키고 있는지를 생각해 봅니다. 흥미롭게도 **누구의 인생에서든, 싫다고 생각하는 일 속에 가치관을 충족시키는 요소가 존재**합니다. 그것을 발견하게 되면 일이 갑자기 재미있어지고 의욕이 솟아나게 됩니다.

다마키 씨는 그 후로 영수증 입력 작업에 가치를 느끼게 되었고, 즐겁게 임할 수 있게 되었습니다. 그러자 신기하게도, 자신이 진심으로 해보고 싶었던 부서 간 횡단 프로젝트의 리더를 맡게 되었다고 합니다.

그 일은 다른 부서 사람들과도 빈번하게 회의를 하는 업무입니다. 「사람들과의 관계를 깊게 하는 것」이 가치관인 다마키 씨에게는 안성맞춤이었고, 지금은 그 일에서 매일 천재성을 발휘하며 활약하고 있다고 합니다. 그 결과, 예정에도 없던 승진도 이루어낼 수 있었다고 합니다.

액티브 수입을 최대한 늘리기 위해서는 일을 즐겁게 하는 것이 중요합니다. 그러기 위해서는 일 속에서 가치관에 맞는 요소를 찾아내는 것이 중요합니다. 그 후에 필요한 기술과 지식을 습득해 나가야 합니다.

그렇게 하면, 그러한 지식과 기술을 습득하는 과정 자체에도 가치를 느끼게 되어 새로운 지식과 기능을 계속 흡수할 수 있습니다. 결과적으로 실력이 더욱 향상되고, 평가와 수입 또한 올라가는 것입니다.

뇌 전환 Q

> 일을 통해 당신이 얻고 있는 것은 무엇입니까? 그것은 당신의 가치관을 어떻게 충족시키고 있으며, 당신의 인생을 어떻게 풍요롭게 해주고 있습니까?

뇌 전환 단계 2
즐겁게 지출을 줄이기

단계 2에서는 지출을 줄이는 것에 대해 생각해 봅시다. 지출을 줄임으로써 수중에 남는 돈이 늘어나면, 그것을 저축이나 투자로 돌릴 수 있습니다. 「안 그래도 생활이 빠듯한데, 저축이나 투자로 돌릴 돈은 만들어낼 수 없다」고 생각하셨을 수도 있습니다. 억지로 참거나 무리해서 절약하는 것을 어려워하는 분들도 있을 것입니다.

안심하십시오. 지출을 줄이는 데는 인내나 절약이 전혀 필요하지 않습니다.

우선, 자신의 일상 지출 중에서 필요 경비라고 여겨 생각없이 지불하고 있는 것은 없는지 찾아보십시오. 그것들은 정말 필수적인 것들일까요?

저는 버블 경제 시대에 취업을 했는데, 그 당시 출근할 때 여자들은 액세서리를 주렁주렁 달고 다니는 것이 유행이었습니다. 다들 그렇게 하고 다니는 것이 당연하다고 여겼습니다.

하지만 저의 가치관을 정립해 보니, 저는 겉모습을 꾸미는 것에 아무런 가치도 두지 않는다는 것을 깨달았습니다. 그 이후로 액세서리 착용을 그만두었습니다. 그때까지는 「나만 안 하고 다니면 부끄럽다」고 생각했었는데, 실제로 하지 않아도 아무렇지 않았습니다. 오히려 몸이 가벼워지고 매우 상쾌했습니다.

그 외에도 꼭 필요하다고 굳게 믿고 있던 것들이 많이 있었습니다. 그것들을 전부 그만두니, 무려 한 달에 5만 엔(약 47만 원) 정도 지출이 줄어들었습니다. 억지로 참거나 무리해서 절약하는 건 아니었습니다. 당시 월수입이 10만 엔대 후반(약 95만 원)이었으니, 월수입의 25%에 해당하는 금액을 전혀 참지 않고 만들어

낼 수 있었던 것입니다.

지출을 줄이는 판단 기준은 「가치관에 맞는지 여부」입니다. 멋 부리는 것에 가치를 느끼는 분에게 액세서리 비용을 줄이라고 하면 좋아하지 않을 것입니다. 독서가 삶의 전부인 분에게 책값을 절약하라고 한다면 그것은 고문입니다.

하지만 가치를 느끼지 않는 것이라면, 그만 사도 사는 데 별 충격이 없습니다. 왜 지금까지 이것들을 필요하다고 착각하고 아무 의심 없이 샀는지 신기할 정도입니다.

교육비, 주거비, 오락비, 여행, 자동차, 기타 경비라고 믿고 있는 것들 중에서 가치관에 맞지 않고, 줄여도 아무렇지 않은 것, 참지 않고도 줄일 수 있는 것은 무엇이 있을지 생각해 봅시다.

65페이지에 게재된 일반적인 지출 항목을 참조해 보십시오.

뇌 전환 Q

가치관에 맞지 않는 지출에는 무엇이 있습니까? 그것들을 줄여서 수중에 더 많은 자금을 남김으로써, 당신이 얻는 것은 무엇일까요? 그것은 당신의 가치관을 어떻게 충족시키고, 당신의 인생을 어떻게 풍요롭게 해줄까요?

즐겁게 저축을 늘리기

억지로 참지 않고 지출을 줄일 수 있었다면, 다음은 저축액을 늘리는 것을 생각해봅시다.

우리는 수입이 늘어나면 지출도 그에 맞게 늘리는 경향이 있습니다. 그러면 수입이 늘어도 자산은 불어나지 않습니다. 특히 연봉 1,000만 엔(약 9천5백만 원) 전후인 사람들에게 이러한 경향이 강하며, 수입은 늘었지만 오히려 남는 돈이 줄었다는 사람들이 많습니다.

앞서 소개한 「소비하는 뇌」가 우위로 작동하고 있기 때문입니다. 들어오면 들어오는 대로 바로 써 버립니다. 그래서는 아무리 수입을 늘려도 자산은 늘지 않습니다. 이러한 경향은 스스로에게 「돈을 버는 능력」이 있다고 생각하는 사람들에게서 흔히 나타납니다. 「또 벌면 되지」라고 생각하기 때문에, 「돈을 쓰지 않고 남기는 것」에 가치를 느끼지 못하는 것입니다.

그렇다면 어떻게 해야 저축액을 늘릴 수 있을까요? 여기서 주의해야 할 점은 「이렇게 하면 저축할 수 있다!」와 같은 기술적인 정보만 입력하는 것입니다.

아무리 지식이나 기술을 배워도, 그것을 실행하는 것은 자기 자신입니다. **실행하는 사람이 저축에 가치를 느끼고 있지 않는 한, 배운 대로 실천할 수 없습니다.**

그래서 「저축이 매우 중요하다」, 「저축은 가치가 높다」고 당신의 뇌가 생각하게 만드는 워크를 진행할 것입니다.

당신의 자산 잔존율을 확인하세요!

지금까지 벌어들인 돈 중에서 몇 퍼센트가 자산으로 남아 있는지를 확인해 봅시다.

당신 인생에서 지금까지 번 돈의 총액은 얼마입니까? 신입사원으로 취직했을 때의 월급을 기억하십니까? 대략 이 정도였겠다는 정도로 괜찮으니, 기억을 더듬어 보십시오.

그 금액이 몇 년 동안 지속되었습니까? 대략 몇 년째에 봉급이 올랐습니까? 그 후 몇 년째에 승진하여 월수입이 늘어났습니까?

대략적으로라도 좋으니, 그것들을 모두 적어보고 지금까지 번 돈의 총액을 계산해 보십시오.

생각보다 상당한 금액을 벌어왔다는 사실에 놀라는 분들도 많을 것입니다. 그동안 정말 열심히 살아오신 것입니다.

다음으로, 지금 남아있는 자산의 총액을 산출합니다. 금융 자산, 정기 예금, 보통 예금, 부동산, 기타 자산을 모두 찾아내어 더합니다. 얼마나 남아 있습니까?

자산 총액이 나왔다면, 다음으로 **자산 잔존율**을 계산합니다. 남아있는 자산은 지금까지 벌어들인 총액의 몇 퍼센트입니까? 남아있는 자산을 벌어들인 총액으로 나누면 자산 잔존율이 계산됩니다. 그것이 바로 당신의 「지금까지의 인생」 자산 잔존율입니다.

몇 퍼센트가 나왔습니까?

너무 적은 수치에 깜짝 놀란 분들도 많을 것입니다. 세미나를 할 때마다 참가자들에게 물어보는데, 한 자릿수가 나와서 충격을 받는 분들이 절반이 넘습니다. 그러므로 설령 당신의 결과가 한 자릿수라고 해도 특별히 낮은 것은 아닙니다.

다만, 주변 사람들도 마찬가지라고 해서 안심하고 있을 수는 없습니다. 이대로 아무것도 하지 않고 시간을 보낸다면, 10년 후,

20년 후, 30년 후에도 똑같이 자산 잔존율을 계산했을 때 비슷한 수치가 나와서 또다시 충격을 받게 될 것입니다.

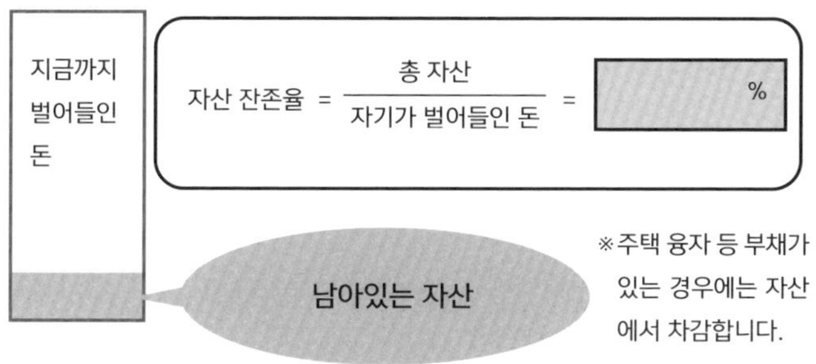

앞으로 목표로 삼아야 할 자산 잔존율과 실현 전략

30년 후에 똑같이 자산 잔존율을 계산했을 때, 몇 퍼센트 정도가 되었으면 좋겠습니까? 그 비율을 설정해 봅시다.

그것을 어떻게 실현할지는 아직 생각하지 않아도 됩니다. 어쨌든 앞으로의 인생에서 실현하고 싶은 자산 잔존율을 구체적으로 정하십시오. 근거가 없더라도 「이 정도면 좋겠다!」 하는 희망하는 수치도 괜찮습니다. 「남기고 싶다!」고 생각하는 것이 중요합니다.

이처럼 생각함으로써 **뇌 속에서는「저축을 하는 것이 정말로 중요하고 가치 있는 일」이라고 인식하게 됩니다. 그러면 그것이 당신에게「가치 있는 일」이 되고, 그냥 두어도 무의식적인 행동이 저축을 선택하도록 바뀝니다.**

이것으로 소비하는 뇌에서 투자하는 뇌로의 전환 중 첫 번째 단계인 ― 소비하는 뇌에서 저축하는 뇌로 ― 의 전환을 완료한 것입니다.

이러한 단계적 발전은 자산 형성에서 매우 크고 의미 있는 전진입니다. 이전에는「저축해야지!」라고 의식을 했지만 생각대로 행동으로 옮기지 못했던 사람이, 이제는 돈을「쓰는」것보다「저축하는」것에 더 매력을 느끼는 뇌로 바뀐 것입니다.

그렇기 때문에 설령 마음에 드는 물건을 보더라도 돈을 쓰지 않고 저축하는 행동이 자연스럽게 가능해집니다. 억지로 참거나 절약하지 않아도 저축할 수 있는 사람이 된 것입니다. 이것은 정말로 멋진 전환입니다.

늘어난 수입을 투자로 지키고 늘리기

소비하는 뇌에서 투자하는 뇌로의 첫 번째 단계가 완료되었다면, 다음은 두 번째 단계로 들어갑니다. 이번에는 「투자 그 자체에 무엇보다 높은 가치가 있다」는 것을 당신의 뇌가 인식하도록 할 것입니다. 이를 위한 질문은 다음과 같습니다.

뇌 전환 Q

> 투자를 하여 자산을 늘리는 것은 자신에게 어떻게 도움이 되고, 가치관을 충족시키며, 어떤 이익을 가져다줄까요?

여기서 주의해야 할 점은, 「어떻게 도움이 되고, 이익을 가져다줄까요?」라는 질문에 대한 답변으로 자산을 「사용하는 데 쓸 이익」으로 적지 않는 것입니다. 많은 분들이 투자로 얻은 이익을 가족 여행 등으로 「사용할 이익」 으로 들곤 합니다.

그런 방향으로 워크를 진행하면, 자산을 「만드는 것」이 아니라 「사용하는 것」의 가치가 높아져 오히려 소비하는 뇌가 길러지게 됩니다. 투자를 성공시킨 「결과」 얻는 혜택이 아니라, 투자라는 「행위」를 하는 것 그 자체가 자신에게 어떤 혜택을 가져다 줄지 생각해 보십시오.

예를 들어, 투자를 하기 위해서는 공부를 해야 합니다. 경제에 대해 알아야 하고, 투자 신탁에 투자한다면 각 펀드가 어떤 성질을 가졌는지, 패시브 펀드(인덱스 펀드)인지, 액티브 펀드인지, 무엇과 무엇을 조합해야 좋은지, 각각의 상관관계는 어떤지 등을 공부하게 됩니다.

앞으로 세계가 어떻게 변할지, 어떤 업종이나 기업이 성장할지 같은 것에도 촉각을 곤두세워야 합니다. 재무제표 읽는 법 등도 조금씩 이해해야 합니다.

이러한 지식은 본업에서 필요 없는 직업을 가진 사람이라면, 투자를 하지 않았다면 얻지 못했을 지식입니다. 그 지식을 얻음으로써 당신의 인생이 얼마나 풍요로워질까요?

제 고객들 중에는 「본업에도 큰 도움이 되고 있다」고 말씀하시는 분들이 많습니다. 어떤 직종이든 세상의 전망에 대해 자신만의 견해를 가지고 있으면, 대책을 세우거나 준비를 하거나, 선행 투자를 하거나, 또는 멈추거나 하는 등 현재의 결정이 달라지기 때문입니다.

특히 경영자분들에게서는 투자를 시작하고 나서 세계적인

사건에 촉각을 세우게 되었고, 그것을 해석하고 분석하는 방법도 해를 거듭할수록 향상되어 본업의 선택이나 결정도 바뀌고 있으며, 공격적인 경영을 할 수 있게 되었다는 이야기를 듣는 경우가 적지 않습니다.

또한 영업직이라면 현재 세계 정세나 사회 정세 등에 대한 지식이 있음으로써 대화의 주제가 다양해지거나, 상대방으로부터 신뢰감을 높이는 것으로 이어집니다.

이처럼, 「투자를 하는」 활동이 새롭게 추가됨으로써 당신의 인생이 어떤 혜택을 받고 풍요로워질지 생각해 봅시다.

뇌 전환 단계 5
투자를 계속하여 자산 증가 속도를 가속화하기

투자를 시작했다면, 다음은 그것을 계속하여 자산 증가 속도를 가속화하는 단계로 들어갑니다. 이 점에 대해서도 뇌가 「가치가 높은 일」이라고 인식하도록 할 것입니다. 단계 5의 질문은 다음과 같습니다.

감수하는 리스크을 점진적으로 확대하여 금융 자산의 증가 속
도를 가속화하는 것은, 자신에게 어떻게 도움이 되고, 가치관을
충족시키며, 이익을 가져다줄까요?

투자의 세계에서 리스크의 개념은 우리가 평소 사용하는 리스크라는 단어가 가진 개념과 완전히 다릅니다. 리스크에 대해서는 제2부에서 더 자세히 설명하겠지만, 중요한 부분이므로 여기서도 가볍게 언급해 두겠습니다.

투자에서의 리스크란?

리스크란 기대치로부터 위로도 아래로도 벗어나는 정도를 퍼센티지로 표현한 것입니다. 그리고 위로 벗어날 확률과 폭, 아래로 벗어날 확률과 폭은 동일합니다. **실생활에서의 리스크는 아래로 벗어나는 것(손해)을 의미하지만, 투자의 세계에서는 위로 벗어나는 것(이익)도 포함**됩니다.

기대치는 전문 용어로 「기대 수익률」이라고 부릅니다. 기대 수익률이 높은 쪽에 투자하기 쉽지만, 기대 수익률이 높으면 기

대치로부터 위로도 아래로도 벗어나는 정도 역시 높아집니다.

이것을 이해하지 못하면, 기대 수익률이 높은 것을 선택하여 자신도 모르는 사이에 리스크가 높은 것에 투자해 버릴 가능성이 있습니다. 그 결과 예상치 못한 수준으로 아래로 벗어나서 자산을 잃는 상황이 발생하게 됩니다.

리스크는 수치로 표시됩니다. 똑같이 기대 수익률이 5%라도 리스크가 10%인 것도 있고, 20%인 것도 있습니다. 어떤 투자든 기대 수익률과 리스크의 조합이 정해져 있습니다. 이는 과거의 실적을 토대로 통계적으로 산출되는 것이기 때문입니다.

사실, **투자란 어느 정도까지의 리스크(기대 수익률에서 벗어날 수 있는 폭)를 감수할 것인지를 결정하는 행위**입니다. 그리고 얼마만큼의 리스크를 감수할지는 자신의 희망으로 선택할 수 있는 것이 아니라, 당신의 「**리스크 허용도**」에 의해 결정됩니다.

리스크 허용도란 어디까지 기대 수익률에서 벗어나는 것을 평정심으로 받아들일 수 있는지를 나타낸 것으로, 이는 개인마다 다릅니다. 리스크 허용도는 금액이 아닌 퍼센티지로 표시되며, 투자의 지식이나 경험, 운용 목적, 운용 연수 등으로 결정됩니다. 리스크 허용도를 「투자에 투입할 수 있는 심리적인 금액」이라고 생각하는 분들이 많지만, 이는 올바른 이해가 아닙니다. 올바른 리스크 허용도에 대한 설명은 나중에 하도록 하겠습니다. 여기서는 리스크 허용도란 기대 수익률에서 실제 결과가 벗어날 수 있는 퍼센티지라고 이해해 주십시오.

성공적인 투자의 가장 큰 비결은 자신의 리스크 허용도를 수치로 파악하고, 그 경계선을 넘지 않는 범위 내에서 투자를 진행하는 것입니다. 경험을 쌓고 지식이 늘어날수록 리스크 허용도는 높아집니다. 허용도가 높아지면 리스크를 높이고, 그 리스크에서의 투자 경험을 쌓고, 또 허용도가 높아지면 리스크를 높이는 방식으로 투자의 경험치를 높여나갑니다.

리스크를 의식하지 않는 투자는 실패한다

펀드매니저는 기관투자자로부터 운용 위탁을 받을 때 「기대 수익률 ○%, 리스크 ○%로 운용해 주십시오」라는 형태로 의뢰를 받습니다. 지정된 리스크를 초과하는 투자는 할 수 없습니다. 그러나 개인 투자자인 우리는 스스로 자신의 리스크를 결정할 수 있습니다. 이것이 장점이기도 하고, 어려운 부분이기도 합니다.

그 누구도 「리스크는 여기까지로 하라」고 말해주지 않기 때문에, 의식하지 않으면 리스크가 점점 높아지게 됩니다. 왜냐하면 리스크가 높은 투자처는 기대 수익률도 높기 때문입니다. 하지만 기대 수익률이 높다고 해서 실제 수익률이 높아지는 것은 아닙니다. 통계적으로 기대 수익률에서 벗어날 확률은 위로 벗어날 확률이나 아래로 벗어날 확률이 똑같기 때문입니다.

기대 수익률은 높으면 높을수록 기쁘기 때문에, 리스크에 의식을 두지 않으면 점점 기대 수익률이 높은 것에 손을 대게 됩니다.

그러면 실제 수익률이 위로 벗어났을 때는 좋지만, 아래로 벗어났을 때는 자신이 상정했던 수익률보다 낮아집니다. **상정했던 것 이상으로 아래로 벗어났을 때의 마음의 고통은 상정 범위 내에서 벗어났을 때의 고통보다 커집니다.** 충격과 조급함으로 감정적이 되어 냉정한 판단을 할 수 없게 되고, 합리적이지 않은 투자 행동을 취하게 됩니다. 그렇게 되면 투자는 반드시 실패합니다.

투자를 성공시키려면 자신의 의지로 리스크를 결정하는 것이 중요합니다. 그리고 리스크 허용도가 올라갈 때까지 그 선을 넘지 않도록 조정해야 합니다. 이것이 바로 「리스크를 통제하는 것」입니다. 리스크를 통제하지 않는 투자는 「당첨될 수도 있고 안 될 수도 있는 점괘」와 같아지므로 반드시 실패합니다.

개인 투자자의 대다수는 이 점을 이해하지 못합니다. 반대로 말하면, 지금 이 책을 읽고 이해한 여러분에게는 큰 이점이 있다고 할 수 있습니다.

자, 리스크를 통제하는 것의 중요성을 이해했다면, 다음은 어떻게 리스크를 높여 나갈지를 결정합니다.

리스크를 높이는 방법에도 여러 가지가 있습니다. 마치 소라게처럼 리스크가 낮은 상품을 높은 상품으로 갈아탈 수도 있고, 리스크가 낮은 상품은 그대로 보유하면서 높은 상품을 추가로 매수해 나갈 수도 있습니다.

저는 감수하는 리스크를 점진적으로 높여나가는 것을 권장합니다. 그리고 리스크가 낮은 상품은 유지한 채, 높은 상품을 추가 매수해 나가는 방식을 추천합니다.

왜냐하면 그 편이 갑자기 높은 상품으로 바꾸는 것보다 「조금씩, 점진적으로」 리스크를 높여나갈 수 있기 때문입니다.

리스크를 점진적으로 확대하는 투자를 통해 얻을 수 있는 이익

지금까지의 내용을 바탕으로 본 항목의 시작 질문으로 돌아가 봅시다.

「감수할 리스크를 점진적으로 높여가는 투자 기법을 선택함으로써, 당신이 받게 될 이익은 무엇입니까?」

답변 예시로는 다음과 같은 것들을 들 수 있습니다.

- 자신의 리스크 허용도를 벗어나지 않는, 안심하고 안전한 투자의 묘미를 누릴 수 있다.
- 항상 평정심을 유지하며 투자를 할 수 있다.
- 단계적으로 높아지는 기대 수익률의 묘미를 누릴 수 있다.
- 하방 리스크(기대 수익률에서 아래로 벗어나는 위험)를 한정한, 안정적인 자산 운용을 할 수 있다.
- 진정한 의미의 분산 투자를 이해하고 실행할 수 있다 (리스크를 높인다는 것은 분산 정도를 낮추는 걸 의미한다).
- 자신의 자산을, 리스크를 통제하는 펀드매니저와 동일한 전략으로 운용할 수 있다.
- 10년 후, 20년 후에 몇 퍼센트의 확률로 자산이 얼마가 되어 있을지 시뮬레이션할 수 있으므로, 미래에 대한 돈의 불안감이 사라진다. 지금 이 순간 마음의 안정을 얻게 되어 더욱더 일에 몰두할 수 있다.

- 초보자 때에는 자신의 능력에 맞는 안전한 투자부터 시작하여, 점진적으로 기대 수익률이 더욱 매력적인 투자 기회를 잡을 수 있다.
- 정치, 사회, 경제의 변동성에 대한 내성을 강화할 수 있다.
- 리스크 허용도가 높아진 단계에서는 자신이 투자하고 싶은 기업을 투자 대상으로 선택할 수 있게 된다.

개인적으로는, 설령 실제 수익률이 기대 수익률에서 벗어난다고 하더라도, 그 벗어난 정도가 「상정 범위 내」에 있다는 심리적 안심이 무엇과도 바꿀 수 없는 매력이라고 생각합니다.

죽을 때 가장 많이 불어난 자산을 어떻게 쓸지 생각하기

점진적으로 리스크를 높이는 투자 기법을 선택했다면, 다음은 그것을 계속해나가는 것의 중요성을 뇌가 이해하도록 해야 합니다. 마지막 질문은 다음과 같습니다.

> 더 많은 자산을 구축하는 것의 대의 목적은 무엇입니까? 대의
> 목적이란 이기심을 넘어 이타심으로 이어지는 목적입니다. 모
> 은 재산과 자신의 인생을 무엇에 바칠지 인식하고, 자신이 죽은
> 후에도 자산을 남기는 것은 자신에게 어떻게 도움이 되고, 가치
> 관을 충족시키며, 이익을 가져다줄까요?

여기서 앞 장에서 말씀드렸던 대의 목적이 다시 등장합니다. 투자에 필요한 세 가지 마음의 상태는 다음과 같았습니다.

① 마음이 충족되어 있는 상태일 것

② 자산을 만드는 것에 가치를 느끼고 있을 것

③ 자산을 만드는 것에 대의 목적이 있을 것

제가 추천하는 투자 기법으로는 장래에 자산을 헐어 쓰지 않습니다. **오래 살면 살수록 자산이 늘어나게 됩니다.**

인간은 아무리 많은 자산을 가지고 있어도 그 자산이 날마다 줄어드는 상황에 놓이면 불안해서 견디지 못합니다. 그렇기 때문에 100억 엔, 1,000억 엔을 가진 부호라도 돈의 불안감에서 해방되지 못하는 것입니다.

거듭 말씀드리지만, 많은 재무 설계사들이 추천하는 머니 플랜에서는 몇 살까지 자산을 늘리고, 몇 살부터 「헐어 쓰는」 패턴으로 자산 계획을 세우는 경우가 대부분입니다. 최근에는 죽을 때 자산을 0으로 만들고 죽자고 주장하는 분들도 나오고 있습니다. 하지만 생각해 보십시오.

오늘보다 내일, 올해보다 내년에 자산이 줄어드는 생활을 시작하고 마음의 안정을 유지할 수 있겠습니까? 어느 시점부터 헐어 쓰고 죽을 때 자산을 0으로 만드는 머니 플랜은, 아직 그 시점을 실감하기 어려울 정도로 먼 미래이기 때문에 생각하는 것이 가능한 것입니다.

실제로 그것을 실행해 나갈 수 있느냐고 묻는다면, 자신 있게 할 수 있다고 대답할 수 있는 분은 적을 것입니다.

저는 어느 시점부터 자산을 헐어 쓰는 머니 플랜에는 반대합니다.

죽기 직전까지 자산이 계속 늘어나는 머니 플랜, 즉 인생 설계를 선택합니다. 그 실현을 위해, 「투자를 계속하고, 동시에 가치관에 맞는 일을 젊을 때부터 선택하며, 회사를 은퇴한 후에는 가치관에 맞는 일을 스스로 해 나가는, 건강한 동안은 평생 현역으로 계속 일하는 커리어 설계」를 다듬어 나갑니다. 은퇴 후 다음 직업으로 순조롭게 넘어갈 수 있도록, 현역으로 일하는 동안 가치관에 맞는 일이나 일 속에서 가치관에 맞는 요소를 찾아두는 것입니다. 이것이 바로 「밸류 파이어」입니다.

가치관에 맞는 일은 하면서 즐겁고, 죽기 직전까지 현역으로 계속하고 싶다고 생각하게 만듭니다. 평생 현역으로 즐겁고 행복하게 살면서, 액티브 수입 역시 계속 들어옵니다.

패시브 수입과 액티브 수입 양쪽이 계속 들어오므로, 인생 마지막 날이 가장 자산이 많은 상태가 됩니다. 이보다 더 안심할 수 있는 일이 있겠습니까?

그러기 위해서라도 **커리어 전략과 자산 형성 전략은, 두 가지 모두를 가치관에 따라 함께 생각하는 것이 중요**합니다.

일도 자산 형성도 가치관을 충족시키도록 해 나가는 것입니다. 인간은 가치관이 충족되고 있을 때 행복 호르몬이 분비되어 행복을 느낍니다. 이 지혜를 활용한다면, 무언가를 달성했을 때에만 행복을 느끼는 인생이 아니라, **달성하기 전부터 그 과정 단계에서 행복을 느끼는 인생을 만들 수 있습니다.**

자신이 무의식적으로 취하는 행동을 그러한 인생으로 향하게 하기 위해, 서두의 질문이 있는 것입니다.

죽은 후에 자산을 남기는 것에 이점을 느끼지 못한다면 「쓰고 싶다」는 마음이 이겨버려 이 계획은 탁상공론으로 끝나고 말 것입니다. 「죽기 직전이 가장 자산이 많은」 인생 설계를 확실히 실현해 나가기 위해서는, 죽은 후에 자신의 자산을 남기는 것의 이점을 뇌가 이해하도록 할 필요가 있습니다.

대의 목적을 가지고 자산 형성하는 것의 이점을 들어봅시다.

- 사후에도 자신의 재산이 세계에 공헌할 장기적인 기금을 만들 수 있다.
- 아직 보지 못한 후세 사람들에게도 자신의 가치를 제공할 수 있다.
- 몇 세대에 걸쳐 번영하는 가계를 만들 수 있다.
- 유산, 신탁, 상속에 대한 더욱 세련된 계획을 마스터할 수 있다.
- 자신이 만든 자산으로 높은 가치를 느끼는 사업이나 사람, 자선사업 등을 지원할 수 있다.
- 유산을 오랫동안 가족과 사회에 남길 수 있다.

이러한 일들을 성취하는 사람은 대단한 성공자나 위인뿐이라고 생각할 수도 있습니다. 하지만 일반인이라도 죽은 후에 자신의 자산을 남기는 것은 충분히 가능합니다.

그러기 위해 매일의 삶에서 억지로 참지 않고 실현 가능한 계획을 세워 실행해 나갑시다. 이 투자 기법이 자기 자신에게 안심과 안정된 인생을 가져다준다는 것을 뇌가 확실히 이해하도록 하십시오.

여기까지, 어떤 인생 설계와 머니 플랜을 만들 것인지 결정하고, 경제적 자립을 위한 뇌와 마음을 만드는 법을 배워 보았습니다.

제2부부터는 드디어 투자법 그 자체로 들어갑니다. 프로의 자산 운용법, 포트폴리오 매니지먼트의 여정으로 이제 출발해 봅시다!

「포트폴리오 매니지먼트」

를 시작하자!

제 **6** 장

성공적인 투자
[기초 지식 편]

성공적인 투자「포트폴리오 매니지먼트」를 시작하기 전에

지금부터 소개할 투자 전략인 「포트폴리오 매니지먼트」는 프로 펀드매니저라면 모두가 사용한다고 말해도 좋을 만큼 보편적인 방법으로, 목표 자산 총액에 가능한 한 효율적으로, 그리고 가장 빠르게 도달하는 것을 목적으로 한 기법입니다.

이 기법은 「현대 포트폴리오 이론(Modern Portfolio Theory)」이라는, 다소 이해하기 어려운 이론에 기반을 두고 있지만, 실천하는 것은 누구나 할 수 있는 간단한 것입니다.

다만, 투자의 기초 지식이나 투자 이론을 알지 못하면 적절한 운용을 할 수 없게 됩니다. 따라서 제6장에서는 투자의 「기초 지식」을, 제7장에서는 「투자 이론」을 배우고, 제8장부터 실천편으로 넘어가도록 하겠습니다.

투자란 무엇인가?

다시 한번 투자가 무엇인지 생각해 봅시다.

투자란 자신의 돈을 운용하는 것입니다. 운용이란 지금 가지고 있는 것을 다른 것으로 바꾸어 그 가치를 늘리는 것을 의미합니다. 즉, 자신의 현금을 어떤 회사의 주식이나 펀드로 바꾸어 그 가치를 늘리는 것이 바로 운용이며 투자입니다.

하지만 지금은 투자라고 하면 증권을 사고팔아 그 금액의 차액을 버는 것이라고 생각하는 사람들도 있습니다. 이것은 운용도 투자도 아니며, 투기입니다. 투기를 자산 운용 혹은 투자라고 오해하는 사람이 매우 많은 것이 현재의 실정입니다.

이 책에서는 투기에 해당하는 기법은 다루지 않습니다. 프로가 실행하는 자산 「운용」의 방법을 알려드릴 것입니다.

90%의 개인 투자자가 이해하지 못하는 투자에서의 「리스크」

운용 시에 빠뜨릴 수 없는 지식이 앞 장에서도 말씀드렸던 「리스크」라는 개념입니다. 「투자에서의 리스크」를 정확히 이해하는 것이 성공적인 투자에는 필수적입니다.

그러나 대다수의 개인 투자자가 「리스크」에 대해 올바르게 이해하지 못하고 있는 것이 실정입니다.

투자 상급자들조차도 「투자에서의 리스크라면 환율 리스크나 국가 리스크, 채무 불이행(디폴트) 리스크, 원금 손실 리스크를 말하는 것 아니냐」고 흔히 말하지만, 유감스럽게도 이것들을 지칭하는 것이 아닙니다. 물론 이것들 역시 투자와 관련된 리스크이기는 하지만, 이와는 또 다른 차원에서 반드시 알아야 할 「리스크」가 있습니다.

「수익-리스크 특성」이라는 말을 들어본 적 있습니까? 여기서 말하는 리스크가 바로 투자를 할 때 이해해야 할 리스크입니다.

수익-리스크 특성이란 투자에서 얻을 수 있는 「수익」과 그것을 얻을 수 있는 「불확실성의 특성」이라는 의미입니다. 표현이 다소 어렵습니다. 하나씩 이해해 봅시다.

「수익」에 대한 기본 이해

먼저, 투자 수익은 1년 단위로 표시하는 것이 원칙입니다. 다만, 온라인 증권사 등에서 실적으로 표시하는 수익은 이것이 아니라, 매수했을 때의 금액 대비 가치가 얼마나 증가했는지를 보여주는 것입니다.

즉, 3년 전에 매수한 것이 30%로 표시되어 있다면, 이 수익을 1년 단위로 환산하여 표기해야 합니다. 금융권 SNS에 올라온 것을 보면, 매수한 가격 대비 현재 가격이 얼마나 올랐는지를 「수익 30%!」 등으로 표시하는 경우를 볼 수 있는데, 이는 오해를 불러일으킬 수 있습니다. 3년간 30% 상승했다면, 1년 단위로는 3으로 나누어 「3년간 연평균 수익률 10%」라고 표현하는 것이 맞습니다.

투자 신탁 등의 기대 수익률이나 실제 수익률은 모두 이처럼 연율로 환산한 수치이므로, 3년간의 수익 30%와 비교해시 「대단하다!」고 말하는 것은 무의미합니다.

구체적인 예를 들어 봅시다. 100만 엔을 투자하여 3년 만에 130만 엔이 되었다고 가정합시다. 수익은 130 – 100 = 30만 엔입니다. 이는 분명 원금 100만 엔의 30%입니다.

하지만 수익은 1년 단위로 표시하므로, 30 / 3이므로 10%입니다. 수익은 연평균 10%가 되는 것입니다. 이 「연평균」이라는 말은 당연하기 때문에 구태여 매번 적지 않는 경우가 많습니다. 그렇기 때문에 모르는 분들도 많지만, 투자에서 표시하는 수익은 반드시 「연간 수익률」로 표시한다는 것을 기억해 두십시오.

「기대 수익률」의 의미

투자 신탁 등에서 「기대 수익률」이라고 표시하는 것은 모두 연간 수익률의 평균을 의미합니다. 예를 들어, 20년간 운용된 투자 신탁 A가 기대 수익률 7%라고 표시했다면, 20년이라는 기간 동안 1년 평균 7%의 수익을 냈다는 의미입니다.

이는 어디까지나 「평균」이므로, 어떤 해에는 플러스 20%가 된 해도 있었을 것이고, 마이너스 30%가 된 해도 있었을 것입니다.

과거에 평균 7%의 수익률을 올릴 수 있었다면, 앞으로도 연평균 7%의 수익률을 올릴 수 있을 것이라고 투자의 세계에서는 생각합니다. 그렇기 때문에 「기대 수익률 7%」라는 표현을 사용하는 것입니다.

리스크란 기대 수익률에서 벗어나는 변동 폭의 평균(% 표시)

그렇다면 투자에서 리스크란 어떤 것일까요?

리스크라고 하면 일반적으로 손실을 입을 위험 등 마이너스가 되는 것을 가리킨다고 생각합니다. 그러나 투자에서의 리스크는 이와 달리, 기대 수익률을 얻을 수 있을지 없을지의 「불확실성」을 가리킵니다.

「불확실성」이라는 단어는 생소할 수 있으니, 이 역시 자세히 살펴보겠습니다.

앞서 언급한 투자 신탁 A는 기대 수익률이 7%였습니다.

어떤 해에는 수익률이 32%까지 오르기도 했고, 또 어떤 해에는 -18%를 기록하기도 했습니다.

이때 각각의 해는 기대 수익률보다 25% 높았다 (32 - 7 = 25%), 25% 낮았다 (-18 -7 = -25%)라고 표현합니다.

다른 해에는 기대 수익률보다 20% 높았고, 또 다른 해에는 10% 낮았다고 가정해 봅시다.

이 네 해의 「기대 수익률에서 벗어난 정도(%)의 평균」은 (25 + 25 + 20 + 10) / 4로 20%가 됩니다. 이 20%를 리스크라고 부르는 것입니다.

이처럼 리스크란, **실제 수익률이 기대 수익률에서 벗어난 폭의 평균값**을 의미합니다. 여기서는 네 해를 가지고 계산했지만, 실제로는 매월 계산하여 과거 3년간 36개월의 변동 폭 평균을 산출합니다. 투자 신탁 등에서 「리스크」라고 표기되어 있다면 이 수치를 가리킵니다.

기대 수익률이 같다고 해서 리스크도 같지는 않습니다. 기대 수익률이 똑같이 7%라도 리스크가 20%인 것도 있고, 10%인 것도 있습니다.

	기대 수익률	예상 리스크
투자 신탁 A	7%	25%
투자 신탁 B	7%	5%

표의 예시를 보면, 투자 신탁 A는 투자 신탁 B보다 리스크가 높은 것, 즉, 기대 수익률 7%에서 벗어나는 「불확실성의 정도」가 B보다 크다는 것을 의미합니다.

이를 전문 용어로 「불확실성」이라고 부릅니다. 이 불확실성이 투자에서의 리스크입니다.

예를 들어,

- **투자 신탁 A** : 7%를 기대했는데, 마이너스 18%가 된 해가 있었다. 기대치에서 25% 아래로 벗어났다.

- **투자 신탁 B** : 7%를 기대했는데, 2%가 된 해가 있었다. 기대치에서 5% 아래로 벗어났다.

128

기대 수익률은 같은데도, 벗어난 폭 = 불확실성 = 리스크가 다릅니다.

당신은 어느 쪽을 선택하고 싶습니까?

보통 사람이라면 같은 기대 수익률이라면 불확실성 = 리스크가 작은 쪽을 선택할 것입니다.

그렇다면 다음 두 가지 중에서는 어느 쪽을 선택하겠습니까?

- **투자 신탁 C** : 10%를 기대했는데, 마이너스 18%가 된 해가 있었다. 기대치에서 28% 아래로 벗어났다.
- **투자 신탁 D** : 7%를 기대했는데, 마이너스 2%가 된 해가 있었다. 기대치에서 9% 아래로 벗어났다.

만약 리스크라는 개념을 모르고 이 C와 D를 비교했다면, 어느 쪽을 선택했을까요? 기대 수익률만 보고 높은 쪽인 C를 선택했을지도 모릅니다. 그렇게 되면 시황이 악화된 어떤 해에 마이너스 18%의 손실을 입게 되는 것입니다. D를 선택해 두었다면 마이너스 2%로 끝날 수 있었습니다.

리스크를 고려하여 투자를 하는 것을 「리스크를 통제하는 것」이라고 말합니다.

투자처의 리스크를 고려하지 않고 선택하면 예상치 못한 손실을 겪게 됩니다.

인간은 예상했던 손실이라면 공포를 느끼지 않습니다. 「예상 범위 내니까 괜찮아!」라며 잘 넘길 수 있습니다. 그러나 예상치 못한 손실을 겪으면 충격을 받고 공포를 느낍니다. 그리고 불안과 공포에 떨어 팔지 말아야 할 시기에 팔아버리게 됩니다. 그렇게 되면 투자는 반드시 실패합니다.

투자처의 리스크를 이해한 후에, 불확실성이 마이너스 방향으로 나왔을 때라도 그 손실을 자신이 견딜 수 있을지 심사숙고하여 투자처를 선택하는 것이 핵심입니다. 이는 투자의 기본이지만, 개인 투자자 중에서 이렇게 하는 분은 거의 보지 못했습니다.

사실 이것이 투자의 성공과 실패를 가르는 매우 큰 요소가 됩니다.

리스크를 모르면 투자처를 고를 수 없다

투자처를 선택하는 데 있어 더욱 중요한 것을 말씀드리겠습니다. 다음 예시를 보십시오.

- **투자 신탁 A** : 7%를 기대했는데, 32%가 된 해가 있었다. 기

대치에서 위로 25% 벗어났다.

- **투자 신탁 B** : 7%를 기대했는데, 12%가 된 해가 있었다. 기대치에서 위로 5% 벗어났다.

이 경우, 「A가 더 좋을 것 같다」고 생각한 분이 많을 것입니다. 앞서의 선택과는 정반대입니다. 이 사례에서는 어떻게 생각해야 할까요?

앞선 예시에서는 A는 마이너스 18%, B는 2%가 되어 마이너스 방향으로 각각 25%, 5% 벗어났습니다. 이번 예시에서는 플러스 방향으로 25%, 5% 벗어났습니다. 변동 폭은 두 가지 예시 모두 A가 25%, B가 5%입니다.

하지만 벗어난 방향이 앞서의 예시에서는 마이너스 방향, 이번 예시에서는 플러스 방향으로 달랐습니다. 당신이라면 어느 쪽을 선택하시겠습니까?

어느 쪽을 선택할지는 플러스 방향으로 벗어날 확률과 마이너스 방향으로 벗어날 확률 중 어느 쪽이 더 높은지로 결정하고 싶을지도 모릅니다.

결론부터 말씀드리자면, **플러스 방향으로 벗어날 확률과 마이너스 방향으로 벗어날 확률은 같습니다.**

왜냐하면 통계적인 현상의 대다수는 평균으로부터 플러스로 퍼져나갈 확률과 마이너스로 퍼져나갈 확률이 동일한 경향이 있기 때문입니다.

이를 통계학에서는 「정규 분포를 따른다」고 표현합니다.

정규 분포는 중간값이 평균값을 나타내며, 중간을 기준으로 좌우 대칭을 이룹니다.

이는 현상이 평균을 축으로 좌우 균등하게 분산된다는 것을 보여줍니다.

예를 들어 수학 시험 평균이 60점이라고 한다면, 대부분의 경우 40점에서 80점 사이의 점수는 균등하게 퍼져 있습니다.

투자의 세계에서도 수익률이 나타나는 방식은 정규 분포를 따릅니다. 플러스로 25% 벗어날 수 있는 것이라면, 마이너스로도 25% 벗어납니다.

30년간 통계를 내어 어느 쪽이 될 확률이 높은지를 분포도로 나타내면, 정규 분포가 됩니다. 즉, 평균을 중심으로 좌우로 균등하게 수익률이 흩어집니다. 「플러스로 25% 벗어날 확률과 마이너스로 25% 벗어날 확률은 같다」는 것입니다.

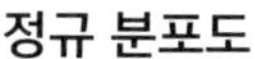

정규 분포도

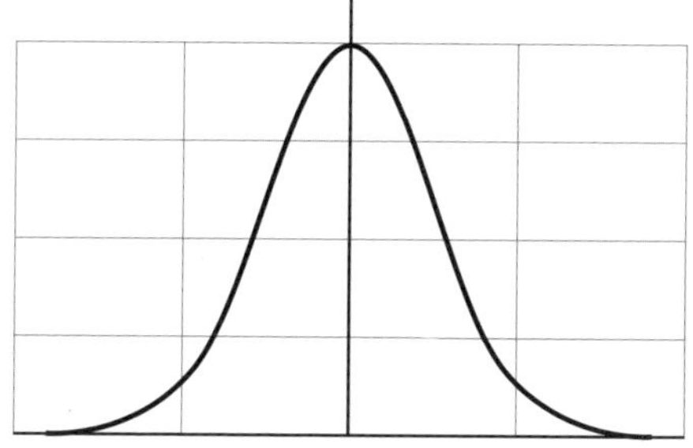

이것을 안 상태에서 투자 신탁 A와 R 중 어느 쪽을 선택하고 싶습니까? 플러스로 벗어났을 때의 크기에 초점을 맞춰 A를 선택하시겠습니까? 마이너스로 벗어났을 때의 크기에 초점을 맞춰 B를 선택하시겠습니까?

이런 질문을 받으면 「시장 환경에 따라 다르다」고 대답하는 분이 많습니다. 시장 환경적으로 상승장일 것 같으면 A를, 하락장일 것 같으면 B를 선택하고 싶다는 것입니다.

그렇게 하면 어떻게 되냐면, 예상이 빗나가서 플러스 32%를 상정했던 것이 마이너스 18%의 손실을 입는 「예상 밖의 서프라이즈」가 발생하게 됩니다.

올해 플러스로 25% 벗어나 예상대로였다고 해도 기뻐할 수만은 없습니다. 내년에는 어쩌면 마이너스로 25% 벗어날지도

모릅니다. 그 후 몇 년 동안 계속 마이너스로 벗어날 수도 있습
니다.

그렇다면 어떻게 해야 할까요?

그것을 위한 판단 기준이 「리스크 허용도」입니다. 리스크 허
용도에 대해서는 본 장의 후반부에서 설명하도록 하겠습니다.

리스크에 대해 더 깊게 이해하자

여기서 새로운 의문이 생깁니다.

「플러스로 벗어날 확률과 마이너스로 벗어날 확률이 같다」
고 하더라도, 애초에 벗어날 확률은 어느 정도일까요?

기대 수익률과 같을 확률이 80%라면, 변동 폭은 크게 신경
쓰지 않아도 될지 모릅니다.

반대로 벗어날 확률이 80%라면, 기대 수익률을 누릴 확률은
20%이므로 5년에 한 번꼴밖에 안 된다는 의미가 됩니다. 이 정
도라면 투자를 주저하게 될 수도 있습니다.

정답은, 리스크 폭 이내에 수렴할 확률이 68%라는 것입니
다. 조금 어렵죠?

예를 들어 「기대 수익률 7%, 리스크 25%」인 경우, 매년 자산

이 7% 늘어날 것으로 기대되지만, 실제 수익률은 25% 위로 벗어나 32%가 될 가능성도 있고, 25% 아래로 벗어나 마이너스 18%가 될 가능성도 있습니다. 그리고 마이너스 18%에서 32% 사이에 수렴할 확률이 약 68%입니다.

「이게 뭐야? 68%는 어디서 나온 숫자야?」라며 혼란스러울 것입니다. 순서대로 설명하겠습니다.

대부분의 현상은 정규 분포를 따르며, 투자의 결과도 예외가 아니라고 말씀드렸습니다. 다시 한번 133 페이지의 정규 분포노를 살펴보십시오.

가로축은 어떤 현상이 일어날 값, 세로축은 일어날 확률을 나타냅니다.

정규 분포는 좌우 대칭이며, 중심에서 멀어질수록 완만한 곡선을 그리며 낮아집니다.

이는 다음을 의미합니다.

▪ 평균값을 중심으로 좌우 대칭
↱평균값에서 아래로도 위로도 똑같이 분포한다.

▪ 중심(평균값)에서 멀어질수록 완만한 곡선을 그리며 낮아진다.

↱평균에서 멀리 떨어진 값일수록 일어날 확률이 낮아진다.

이러한 산포 정도를 나타내는 그림에서, 정확히 68%의 확률로 일어나는 지점을 「1 표준편차」라고 부릅니다. 이는 통계학 세계의 약속입니다. 1 표준편차는 1 시그마라고도 불리며, $\langle \sigma \rangle$로 표기됩니다.

수학 시험 결과의 평균이 60점이고, 1 표준편차가 20점이라면, 1 표준편차의 범위는 40점에서 80점입니다. 40점에서 80점 사이에 68%의 학생이 포함된다는 의미가 됩니다.

간혹 90점인 학생도 있을 것이고, 30점인 학생도 있을 것입니다. 그러나 일어날 가능성이 낮은 데이터까지 고려하면, 이번 시험이 어떤 산포를 보이는지 「경향」을 파악하기 어려워집니다.

그렇기 때문에 위로도 아래로도 68%의 확률로 일어나는 값을 1 표준편차로 정하고, 항상 그 기준을 가지고 산포 정도를 파악합니다.

이러한 개념이 정립됨으로써, 모든 현상에 대해 평균으로부터 벗어나는 정도를 동일한 잣대로 측정할 수 있게 되었습니다.

평균이 60점, 1 표준편차가 10점이라면, 68%의 학생이 50점에서 70점 사이에 포함된다는 의미로, 평균 근처 점수대가 많았다는 것입니다.

평균이 60점, 1 표준편차가 30점이라면, 68%의 학생이 30점에서 90점 사이에 포함된다는 의미로, 성적이 많이 분산되었다는 것입니다. 점수가 좋았던 학생과 나빴던 학생의 차이가 심했다는 것입니다.

그리고 투자의 세계에서도 1 표준편차, 즉 68%의 확률로 일어나는 값을 「리스크 1 단위」로 정하기로 약속한 것입니다.

이것을 정해두면, 실제 수익률이 68%의 확률로 과거의 평균(기대 수익률)에서 어느 지점에 도달할 가능성이 있는지 파악할 수 있습니다.

기대 수익률이 30%, 1 표준편차(1 리스크 = 1 σ)가 50%라면, 실제 어떤 해의 수익률은 68%의 확률로 마이너스 20%에서 플러스 80% 사이에 수렴한다는 의미입니다.

기대치에서 상당히 많이 벗어납니다. 마이너스 방향으로 벗어난다면, 「이건 예상 못했는데!」라며 동요하고 무서워져 팔아버릴 수도 있습니다.

하지만 이것을 처음부터 알고 있었다면 어떨까요? 우리의 뇌는 처음부터 알고 있었다면 「예상 범위 내」라고 판단하여 놀라지 않습니다. 두려움도 느끼지 않습니다. 마이너스 20%가 된다고 해도, 「문제없어, 이미 알고 있었어」라며 냉정함을 유지할 수 있고 합리적인 판단을 내릴 수 있는 것입니다.

「에이, 알고 있다고 해도 30%를 기대하고 샀는데 마이너스 20%는 싫어」라고 생각하신 분, 바로 그 부분이 중요합니다. 리스크를 알고 있었다면, 사지 않았을 것 아닙니까? 리스크를 알고 있었다면 사지 않았을 것을 리스크를 몰랐기 때문에 사버리는 것입니다. 그리고 예상 밖의 수익률을 보고 공포에 질려 고가에 사서 저가에 파는 투자 행동을 하게 되는 것입니다.

이것이 투자를 잘하지 못하게 되는 가장 큰 이유입니다.

투자는 반드시 리스크 값(%)을 확인하고 나서 매수하자

개별 주식 종목 등은 리스크 값이 70%, 80%에 달하는 것도 많고, 경우에 따라 200%가 나오는 종목도 있습니다. 리스크 값은 과거 수익률의 산포에서 계산되므로, 「이 종목은 이 값」이라고 정해져 있는 것이 아니라 항상 변하니까요.

기대 수익률에서 70%나 벗어나는 것을 평정심으로 지켜볼 수 있는 사람이 많을까요? 그런 사람은 투자 상급자 중에서도 많지 않을 것입니다.

그렇다면 이것은 무엇을 의미할까요? 개별 주식은 투자를 막 시작해서 리스크 허용도가 낮은 상태에서, 갑자기 매수할 수 있는 대상이 아니라는 것입니다. 리스크 값은 어떤 투자 대상이든, 주식이든 채권이든 투자 신탁이든, 3년의 실적이 있다면 계산할 수 있습니다. 운용자는 계산할 의무가 있으며, 리스크 값은 공표됩니다. 온라인에서도 공표되는 정보이므로, 실세로 매수하기 전에 「기대 수익률에서 68%의 확률로, 플러스/마이너스 몇 퍼센트에서 몇 퍼센트 사이에 수렴하는 것인지」 **리스크를 확인하고, 「그래도 매수할 것인지」 자기 자신에게 물어본 후, 자신 있게 Yes라는 대답이 나올 때만 매수하도록 합시다.**

대답이 No라면, 그것은 당신에게 리스크가 너무 높다는 것, 즉 평정심을 가지고 투자를 계속할 수 없는, 매수해서는 안 될 투자처가 됩니다.

- 무엇을 매수해야 하는가?
- 무엇을 매수해서는 안 되는가?

이러한 판단을 어디서 해야 하는지, 대다수의 개인 투자자들은 알지 못합니다. 그래서 투자의 실체를 파악하지 못하고, 투자를 망설이거나 너무 공격적으로 나서서 실패하게 되는 것입니다.

리스크 값으로 판단하십시오.

이 기준이 있다면, 왠지 불안하다는 생각과 함께 구름 잡는 듯한 불쾌한 감정을 갖는 일 없이 투자를 계속할 수 있을 것입니다.

리스크 허용도를 알면 투자는 두렵지 않다

투자처는 리스크 값을 보고 Yes인지 No인지를 결정하는 것이라고 말씀드렸습니다. 여기서 문제가 되는 것은 매번 일관성을 가지고 대답할 수 있느냐 하는 것입니다. 기분이 좋고 자신감에 차 있을 때는 Yes가 되고, 자신감을 잃었을 때는 No가 된다면, 매수 후에 동요하여 평정심을 유지할 수 없게 될 가능성이 있습니다.

그렇다면 답변에 일관성을 가지려면 어떻게 해야 할까요?

여기서 등장하는 것이 바로 「리스크 허용도」입니다. **리스크**

허용도란 자신이 감당할 수 있는 리스크 양(%)을 가리킵니다.

예를 들어, 기대 수익률 7%인 투자처에서 리스크가 30%인 것까지 매수해도 (±30% 변동해도) 평정심을 유지할 수 있는 분이라면, **리스크 허용도는 30%**입니다.

기대 수익률 7%인 투자처에서 리스크가 10%인 것까지만 (±10%의 변동까지만) 매수할 수 있다는 분은 **리스크 허용도가 10%**입니다.

최근 SNS 등에서 「리스크 허용도 내에서 투자를 합시다」라고 말하는 분들이 있지만, 그 의미를 살못 이해하고 있는 사례가 종종 발견됩니다.

「전쟁이 시작되었으니, 『자신이 불안을 느끼지 않는 금액』이 얼마인지 재검토하여, 리스크 허용도의 범위 내에서 투자를 해 나갑시다」라는 취지의 게시물이 있었습니다. 투자 금액과 리스크 허용도는 아무런 관계가 없습니다. 리스크 허용도란 퍼센티지로 나타내는 기대치로부터의 변동 폭입니다. 투자 규모는 리스크 허용도가 아닙니다.

이 책을 통해 리스크 허용도의 올바른 의미와 사용법을 확실히 익히시기를 바랍니다.

자신의 리스크 허용도를 확인하자

리스크 허용도는 다양한 요인에 의해 결정됩니다. 그 진단을 전부 스스로 하는 것은 다소 어렵기 때문에, 온라인에 무료로 공개되어 있는 진단 시트 등을 이용하는 방법도 있습니다.

▪ 메이지 야스다 생명보험의 리스크 허용도 진단 시트 참조
(https://www.meijiyasuda.co.jp/401k/pdf/chishiki/portfolio_04.pdf)

리스크 허용도를 알게 되면, 어떤 투자 신탁을 매수할 수 있고, 어떤 것은 매수할 수 없는지 결정할 수 있게 됩니다. 오른쪽 페이지의 그림은 다양한 투자 신탁의 리스크-수익 특성을 나타낸 것을 리소나 그룹의 웹사이트에서 인용한 것입니다.

이 그림에서는 리스크가 가로축, 수익이 세로축으로 표시되어 있습니다. 투자의 리스크-수익 특성은 반드시 가로축이 리스크, 세로축이 수익으로 표시된다는 것을 기억해 두십시오.

자, 이 그림에서 가로축의 자신의 리스크 허용도 지점에 점을 찍으십시오. 거기서부터 세로 방향으로 위로 선을 그으십시오. 리스크 허용도가 10%인 사람은 가로축 10% 지점에서 위로 세로선이 그어질 것입니다. 리스크 허용도가 20%인 사람은 가로축

20% 지점에서 위로 세로선이 그어질 것입니다.

그 선보다 오른쪽에 있는 것들은 매수할 수 없는 투자처입니다. 왜냐하면 당신의 리스크 허용도를 초과하는 것이기 때문입니다. 그것들을 매수하면 평정심을 가지고 투자를 계속할 수 없습니다. 이러한 결정 방식을 따른다면, 그 당시의 기분이나 컨디션과 상관없이, 매수할지 말지에 대한 판단에 일관성이 생깁니다.

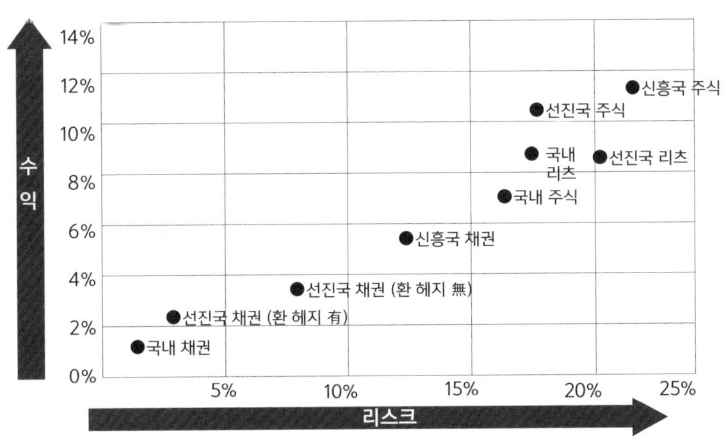

출처: 리소나 그룹(Resona Group). 「투자 대상 자산의 리스크와 수익을 이해하자」. 모두가 알고 싶어 하는 자산 운용. https://www.resonabank.co.jp/kojin/column/toshin/salon/column_0001.html, (2024.2.19)

리스크 허용도를 알지 못했을 때의 위험

투자는 자신이 원하는 수익이 나오는 대상을 무엇이든 선택할

수 있는 것이 아니라, 자신의 리스크 허용도에 따라 매수할 수 있는 것과 매수할 수 없는 것이 정해지는 것입니다.

무엇을 살지 수익을 기준으로 판단한다면, 누구나 수익이 높은 쪽을 선택할 것이기 때문에, 리스크라는 개념을 모른다면 점점 더 높은 수익을 추구하게 됩니다. 그러면 수익과 리스크는 정비례하므로, 높은 수익을 추구한 결과 높은 리스크를 감수하게 됩니다. 리스크에 대해 알지 못한다면, 높은 리스크를 감수하고 있다는 사실을 깨닫지 못하고 매수하게 되는 것입니다.

그 결과, 앞서 말씀드렸듯이 예상치 못한 마이너스를 겪고 놀라서, 보유하는 것이 두려워져 팔아버리는 상황이 발생하는 것입니다.

특히 해외 펀드, IPO(신규 상장 주식 투자), 헤지 펀드, 변동성이 큰 개별 종목, 유행하는 테마 투자 등은 리스크가 상당히 높은 경우가 많으므로, 반드시 리스크 값을 조사하여 자신의 리스크 허용도 내에 수렴하는지 아닌지를 잘 판단하는 것이 중요합니다.

또한, 진단으로 나온 리스크 허용도 역시 완벽하지는 않습니다. 리스크 허용도 진단에서 10%가 나왔다고 해도, 실제로는 5%만 하락해도 공포를 느끼는 사람도 있습니다. 이 경우에는 리스크 허용도를 4% 이하까지 낮추고 보유하고 있는 것을 재검토할 필요가 있습니다.

리스크 허용도를 모르면 위험한 것이 또 하나 있습니다. 너무 안전한 방향만 선호해서, 리스크가 너무 낮은 운용을 하게 되는 것입니다.

예를 들어 리스크 허용도가 10%인데도, 2%밖에 리스크를 감수하지 않는 경우가 이에 해당합니다. 앞서 말씀드렸듯이 리스크와 수익은 정비례합니다. 낮은 리스크만 감수한다면 낮은 수익만을 기대할 수 있습니다.

iDeCo(개인형 확정 기여형 연금) 계좌 운용 대상으로 정기 예금을 선택하는 것이 그 좋은 예입니다. 리스크 허용도가 10%라면, 분산을 도모하면 (분산에 대해서는 다음 항목에서 자세히 설명), 주식 등의 리스크 자산에 투자하는 투자 신탁(펀드)을 선택할 수 있습니다.

iDeCo 계좌는 얻은 수익에 세금이 부과되지 않는 제도입니다. 정기 예금의 수익률은 이 책 집필 시점에서는 거의 제로이므로, 굳이 iDeCo 계좌를 사용할 의미가 없습니다. 정기 예금을 하고 싶다면, iDeCo 계좌를 사용하지 않고 직접 정기 예금에 넣어두면 됩니다. 모처럼의 비과세 계좌를 정기 예금에 써버리는 것은 아까운 일입니다.

iDeCo를 활용하는 분들 중 무려 80%가 iDeCo 계좌로 정기 예금을 하고 있다는 데이터가 있습니다. 매우 안타까운 현상이라고 생각합니다.

리스크 허용도는 변화해 간다

자신의 리스크 허용도를 알고 있으면, 안심하고 효율적으로 자신의 자산을 늘릴 수 있습니다. 진단 시트에 나와 있듯이, 리스크 허용도는 「자산 운용의 목적」, 「현재의 운용 자산 총액」, 「자산 운용 기간」, 「금융 리터러시」, 「운용 경험」 등에 따라 결정되는 것입니다. 커리어나 인생의 단계, 상황에 따라 이러한 요소들은 변화하는 것이므로, 당연히 리스크 허용도도 변합니다.

예를 들어, 투자를 막 시작했을 때는 운용 자산 총액이 적고, 경험도 미숙하며, 금융 리터러시도 낮기 때문에 리스크 허용도가 작습니다. 그러나 커리어가 성장하고 경제적 체급이 커짐에 따라 운용 자산 총액이 늘고, 경험이 쌓이고, 지식을 습득하여 금융 리터러시가 높아지면, 리스크 허용도는 커집니다.

감수할 수 있는 리스크가 커지면 기대 수익률도 높아집니다.

그렇기 때문에 저는 **리스크 허용도가 높아지는 것에 맞춰 기대 수익률을 높여가는 것을 권합니다.**

처음에는 확실하게 리스크를 낮추어 안정성을 중시하고, 조금씩 자산을 늘려갑니다. 그 후 리스크를 감수할 수 있게 되어 적극적으로 수익을 거두게 되면, 운용 자산 총액이 급격하게 증가하게 되는 것입니다.

지금까지의 내용을 정리하면, 투자를 시작할 때는,

- 먼저 리스크에 대해 정확히 이해한다.
- 자신의 리스크 허용도가 몇 퍼센트인지 수치로 파악한다.
- 투자처를 선택할 때는, 리스크 허용도 내의 것을 선택한다.
- 높은 리스크를 감수하는 것은, 리스크 허용도를 높인 후에 한다.

이러한 것들을 철저히 지켜 나간다면, 리스크를 너무 많이 감수하여 하락장에서 공포에 질려 팔아버리는 일 없이, 안정적으로 자산 총액을 늘려나가는 것이 가능해질 것입니다.

「리스크 분산」의 진정한 의미를 알자

리스크 분산이란?

자신의 리스크 허용도보다 리스크가 높은 종목은 리스크 허용도가 높아질 때까지 매수할 수 없는 것일까요? 예를 들어, 일본 주식의 패시브 펀드(지수 연동형 펀드)는 리스크가 17%인데, 리스크 허용도가 10%인 사람은 매수할 수 없는 것일까요?

그렇지 않습니다. 여기서 등장하는 것이 「**리스크 분산**」이라는 개념입니다.

리스크 분산이란, 수익 패턴(언제 수익이 높아지고 언제 수익이 낮아지는지)이 다른 자산을 여러 개 조합함으로써, 전체 그룹으로서의 수익 변동 폭을 작게 만드는 것으로 정의됩니다.

하나의 종목만으로는 자신의 리스크 허용도를 초과하는 것은 매수할 수 없지만, 두 개 이상을 조합함으로써 전체 리스크를 줄일 수 있는 것입니다. 「엥, 그런 마법 같은 일이 가능해?」라는 생각이 드실 지도 모릅니다. 가능합니다. 순서대로 설명해 드리겠습니다.

상관관계와 상관계수

여기에 리스크가 20%인 종목 A와 리스크가 30%인 종목 B가 있습니다. 이 두 가지를 50%씩 보유하기로 결정했습니다. 두 리스크의 합은 어떻게 될까요? 20%와 30%의 평균인 25%일까요? 하지만 두 가지를 합치면 경우에 따라 10%로 만들 수도 있습니다.

왜 리스크가 20%와 30%인 것을 매수했는데, 두 리스크의 합이 10%가 될 수 있을까요?

그 비밀은 각각의 수익이 동시에 같은 방향으로 움직이는지, 아니면 다른 방향으로 움직이는지와 관계있습니다.

동시에 같은 방향으로 움직이는 두 가지를 「양(+)의 상관관계에 있다」고 표현합니다.

동시에 반대 방향으로 움직이는 두 가지를 「음(−)의 상관관계에 있다」고 표현합니다.

(150페이지 그림 참조)

양(+)의 상관관계를 가지는 종목들의 조합

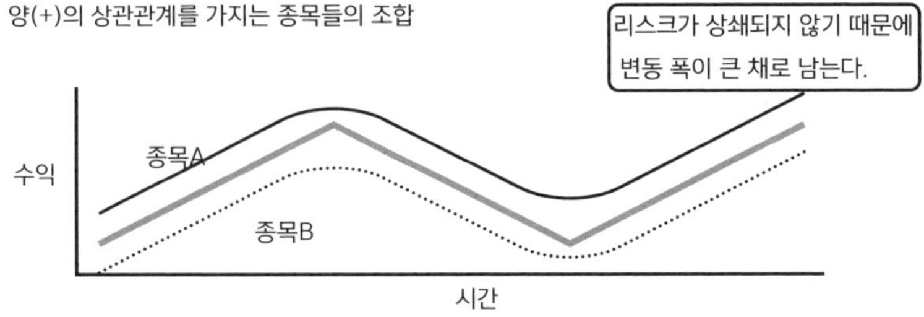

음(-)의 상관관계를 가지는 종목들의 조합

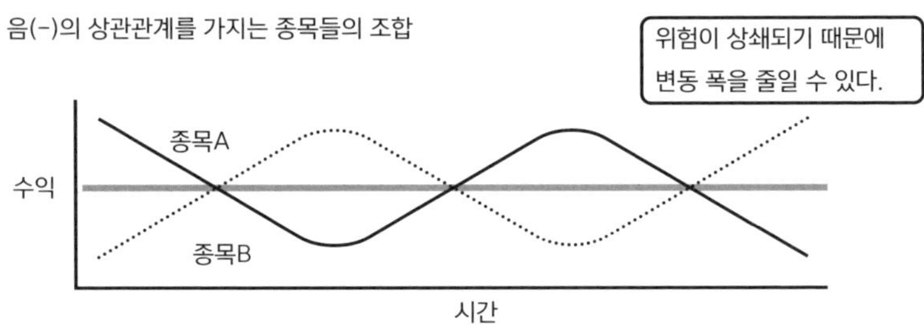

상관 계수

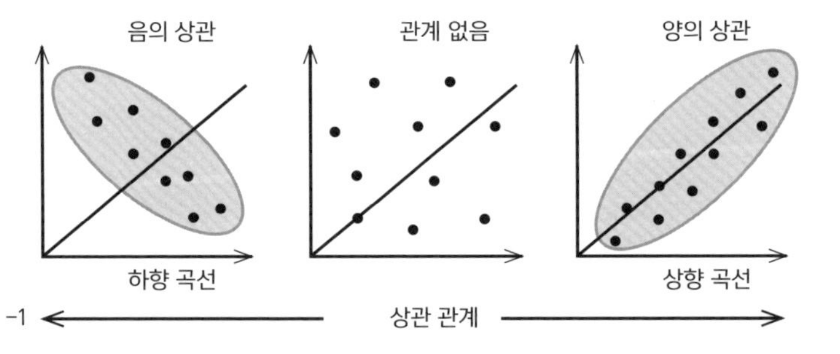

범례: 오른쪽 위로 뻗어 나가는 선이 종목 A, 흩어져 있는 점들이 종목 B를 나타냄

왼쪽 페이지의 그림은 동시에 같은 방향으로 움직이고 있습니다. 이것은 양의 상관관계입니다.

중간 그림은 동시에 반대 방향으로 움직이고 있습니다. 이것은 음의 상관관계입니다.

양의 상관관계에 있는 두 가지는 수익이 높아지거나 낮아지는 시기가 같습니다. 음의 상관관계에 있는 두 가지는 이와 정반대입니다.

예를 들어, 종목 A는 경기가 회복하는 시기에 큰 수익을 올리고, 종목 B는 경기가 후퇴하는 시기에 큰 수익을 올린다고 가정하면, 이 두 가지는 음의 상관관계에 있다고 말할 수 있습니다.

또한, 양자가 어느 정도의 상관관계에 있는지를 나타내는 수치를 「상관계수」라고 합니다.

A가 1 움직일 때 B도 1 움직인다면 「상관계수 1」로 나타냅니다.

A가 1 움직일 때 B는 0.5 움직인다면 「상관계수 0.5」로 나타냅니다.

둘 다 동시에 같은 방향으로 움직이고 있으므로 「양의 상관관계에 있다」고 표현합니다.

그럼, 반대 방향으로 움직이는 경우를 봅시다.

A가 1 움직일 때 B는 마이너스 1 움직인다면, 반대 방향으로 움직이므로 「음의 상관관계」에 있으며 「상관계수 마이너스 1」로 표현합니다.

A가 1 움직일 때 B는 마이너스 0.5 움직인다면, 반대 방향으로 움직이므로 「음의 상관관계」에 있으며 「상관계수 마이너스 0.5」로 표현합니다.

상관계수는 마이너스 1에서 플러스 1 사이의 값을 가집니다.

상관계수 중간의 그림은 상관관계가 전혀 없는 상태입니다.

음의 상관관계에 있는 종목을 여러 개 조합하여 매수하면, 각각의 수익은 서로 상쇄됩니다. 상쇄된다는 것은 매년 기대 수익률에서 벗어나는 변동 폭이 작아진다는 것을 의미합니다. A, B 각각 단독으로는 변동 폭이 크더라도, 서로가 서로를 상쇄시키기 때문에 그룹으로서의 변동 폭은 작아지는 것입니다. 두 가지를 매수함으로써 리스크가 작아지는 것. 이것이 「리스크 분산」의 효과이자 목적입니다.

직접 포트폴리오를 설계할 때는, 음의 상관관계를 가진 종목들을 서로 조합하여 보유하는 것이 매우 중요합니다.

음의 상관관계를 가진 종목들을 조합하면, 그룹으로서의 변동 폭은 작아집니다. 이론적으로는, 일정 기간 동안 완전히 동시에, 같은 변동 폭으로 거울처럼 반대 방향으로 계속 움직인다면, 변동 폭을 0으로 만들 수 있습니다. 즉, 항상 기대 수익률에 정확히 일치하는 수익을 누릴 수 있다는 것입니다 (150페이지 중간 그림).

반면에, 양의 상관관계를 가진 종목들끼리 여러 개 조합해도 150페이지 중간 그림처럼 그룹으로서의 변동 폭은 작아지지 않습니다. 이는 리스크 분산 효과를 얻을 수 없는 조합입니다.

리스크 분산과 상관관계

양의 상관관계에 있는 종목을 아무리 많이 매수해도 「리스크 분산 효과」는 얻을 수 없습니다.

저에게 상담하러 오시는 분들의 포트폴리오를 보면, 30개에서 100개 종목을 보유하고 있는 분들이 있습니다. 왜 이렇게 많은 종목을 보유하고 있냐고 물어보면 리스크 분산을 위해서라고 말합니다. 그런데 매수 종목들을 보면 모두 똑같이 움직이는 것, 즉 양의 상관관계에 있는 것들뿐입니다. 유감스럽지만, 이렇게 해서는 리스크 분산이 되지 않습니다.

「앞으로 어떤 종목이 오를까?」라는 시각만으로 매수하다 보면, 양의 상관관계에 있는 종목들끼리만 많이 매수하게 됩니다. 수십 종목을 매수하고는 「그중 뭐라도 하나 오르겠지」라는 생각으로는 자산을 늘려갈 수 없습니다.

곰곰이 생각해 보십시오. 예를 들어 10개 종목을 보유하고 있었는데, 이들의 작년 상승률 평균이 10%였다고 가정합시다. 이 경우 100만 엔을 투자했다면 110만 엔이 되었다는 뜻입니다. 보유 종목들이 올해 하락장을 맞아 10개 종목의 평균 수익률이 마이너스 10%가 되었다고 합시다. 작년에 110만 엔까지 불어난 자산은 그 10%인 11만 엔을 잃게 되므로, 결과적으로 99만 엔이 되어 버립니다.

오르내림을 반복하는, 변동성이 높은 투자를 하게 되면 자산이 불어나지 않을 뿐만 아니라 줄어들게 되는 경우도 적지 않습니다. 리스크 분산이란 바로 이 변동성을 완화시키기 위해 하는 것입니다.

이해하기 쉽게, 두 개의 종목을 절반씩 매수하는 경우를 예로 들어 설명하겠습니다.

【양(+)의 상관관계에 있는 두 종목을 매수한 사례】

종목 A와 B는 둘 다 경기 회복 시에 상승하는 종목입니다. 올해 경기가 순조롭게 회복되어, 연말에 A는 30%, B는 10% 상승했습니다.

자산 전체가 얼마나 증가했는지 확인해 봅시다.

50%씩 매수했으므로, (30%) × 0.5 + (10%) × 0.5 = 20%로, 자산은 20% 증가했습니다.

그럼, 다음 해에는 어떻게 되었을까요? 다음 해에는 경기가 후퇴하기 시작했습니다. A는 30% 하락하고, B는 10% 하락했습니다. 자산 전체의 증가율은 (−30%) × 0.5 + (−10%) × 0.5 = −20%입니다.

즉, 자산은 1년 차에 20% 상승하고, 2년 차에 20% 감소한 것이 됩니다.

원금 100만 엔을 투자했다면, 1년 만에 120만 엔이 되었고, 2년 만에 120 × 0.8 = 96만 엔이 되어 버렸습니다.

양의 상관관계에 있는 두 종목을 절반씩 조합한 포트폴리오에서는, 이 2년 동안 자산이 100만 엔에서 96만 엔으로 줄어든

것이 됩니다.

【음(-)의 상관관계에 있는 두 종목을 매수한 사례】

반면에, 음의 상관관계에 있는 두 종목을 매수한 사례를 살펴보겠습니다. 하나는 경기 회복 시에 상승하는 종목 C, 다른 하나는 경기 후퇴 시에 상승하는 종목 D를 매수했습니다. 지금은 경기 회복기입니다. 연말에 C는 30% 상승하고, D는 10% 하락했습니다.

자산 전체가 얼마나 증가했는지 확인해 봅시다. 한 종목이 하락했으므로, 30% × 0.5 + (-10%) × 0.5 = 10%로, 자산은 1년 차에 10%만 증가했습니다. 100만 엔이 110만 엔밖에 되지 않았다는 뜻입니다.

그럼, 다음 해에는 어떻게 되었을까요? 다음 해에는 경기가 후퇴하기 시작했습니다. C는 30% 하락하고, D는 10% 상승했습니다. 자산 전체의 증가율은 30% × 0.5 + (+10%) × 0.5 = 10%, 10% 하락했습니다. 1년 차에 110만 엔이 된 자산은 110만 엔의 10%, 즉 11만 엔이 줄어들어 99만 엔이 되었습니다.

즉, 양의 상관관계에 있는 종목을 선택했을 때보다, 음의 상관관계에 있는 종목을 선택했을 때 2년 후의 자산 총액이 더 높았다는 결론이 나옵니다. 이것이 바로 리스크 분산 효과입니다.

리스크 분산이란 아무거나 여러 개를 매수하는 것이 아니라, 양의 상관관계끼리가 아닌, 음의 상관관계에 있는 여러 자산을 매수하는 경우에만 가능해집니다.

「모든 달걀을 한 바구니에 담지 말라」는 말은 똑같이 움직이는 달걀을 한 바구니에 담으면 아무리 여러 개로 나누어도 분산 효과는 기대할 수 없습니다. 「다르게 움직이는」, 즉 「음의 상관관계에 있는」 여러 투자처를 선택하여 투자할 필요가 있는 것입니다. 그렇게 해야 비로소 분산 효과를 누릴 수 있습니다.

이것이 바로 뒤에 이야기할 포트폴리오 매니지먼트에서 필수적인 「현대 포트폴리오 이론(Modern Portfolio Theory)」과 그 핵심을 이루는 「평균-분산 모델(Mean-Variance Model)」입니다. 다시 말해, 「음의 상관관계에 있는 여러 종목을 리스크가 최소화되는 배분으로 조합하여 구축되는 포트폴리오」의 기반이 되는 것입니다. 여기서 확실히 이해해 두시기 바랍니다.

「하락할 것 같은 종목」을 매수하려면?

여기까지는 이론적으로 이해하신 분들도, 실제로 포트폴리오를 만들려고 하면 매우 어렵게 느낄 것입니다. 왜냐하면, 바로 이 순간 「앞으로 오를 것 같은 종목은 무엇일까?」라고 생각하고 선택한다면, 그것들은 대개 양의 상관관계가 되어버리기 때문입니다.

음의 상관관계에 있는 것을 선택하기 위해서는, 지금부터 「하락할 것 같은 것」을 매수할 필요가 있습니다. 앞으로 하락할 것 같은 것을 굳이 매수하는 것에 대해 거부감이 있을 것입니다. 그러나 안정된 포트폴리오를 구축하기 위해서는 이것이 필수적입니다.

여러 번 강조합니다. **「오를 것 같은 것」을 연이어 사들이는 투자가 아니라, 전체적으로 리스크가 작아지도록 「음의 상관관계」에 있는 여러 종목을 매수하십시오.**

그렇기 때문에 투자에는 장기적인 시각과 그것을 만드는 「투자 뇌」가 필요한 것입니다.

덧붙여, 다음과 같은 워렌 버핏의 명언이 있습니다.

투자에 성공하기 위한 규칙은,

규칙 1 : 손실을 최소한으로 줄일 것

규칙 2 : 규칙 1을 지킬 것

규칙 1을 지키기 위한 수단으로서 리스크 분산이 있습니다. 리스크 분산을 왜 하는지, 그 목적을 확실히 이해해 두는 것이 중요합니다.

리스크를 분산시키는 6가지 방법

매수할 종목을 분산시키는 것 말고도 리스크를 분산시키는 방법이 있습니다. 다음 6가지 방법을 숙지해 두시면 도움이 됩니다.

① 자산 대상의 분산

자산 대상이란 투자 대상의 종류를 말합니다. 주식, 채권, 부동산, 실물 자산 등이 주요 자산 대상으로 꼽힙니다. 주식 중에서도 미국 주식, 일본 주식 등의 자산 대상이 있습니다. 수익 패턴이 다른 자산 대상에 투자함으로써 리스크를 줄일 수 있습니다.

② 시간의 분산

다른 시점에 매수하고, 장기로 운용함으로써 리스크를 줄입니다. 시간 분산의 대표적인 예가 달러 코스트 평균법(252페이지에 자세히 설명)입니다. 매월 일정액을 다른 시점에 투자하면 평균 매수 비용이 낮아집니다. 매수 시점을 따지지 않는 것이 핵심입니다. 예를 들어, 매월 1만 엔을 투자할 경우, 1주 5,000엔일 때는 2주(평균 비용 5,000엔), 1주 1,000엔일 때는 10주(평균 비용 1,000엔)를 매수하게 됩니다. 장기 운용의 장점은 운용 기간이 길수록 연평균 변동 폭이 작아진다는 데 있습니다.

③ 지역의 분산

수익 패턴이 다른 지역에 투자함으로써(국제 분산) 리스크를 줄입니다.

④ 섹터의 분산

수익 패턴이 다른 섹터(산업)에 투자함으로써 리스크를 줄입니다.

⑤ 테마의 분산

수익 패턴이 다른 테마(예를 들어 「기후 변화」나 「인바운드」 등, 화제가 되고 있는 테마)에 투자함으로써 리스크를 줄입니다.

⑥ 종목의 분산

수익 패턴이 다른 종목군에 투자함으로써 리스크를 줄입니다. 경기에 좌우되지 않는 방어주(디펜시브 종목), 경기 민감주가 여기에 해당됩니다.

「앞으로 무엇이 오를까」라는 시각이라면, 이 두 가지를 동시에 매수할 수 없습니다. 왜냐하면, 만약 지금이 경기 회복기라면 방어주는 후보에 오르지 않을 것이고, 만약 지금이 경기 후퇴기라면 경기 민감주는 제외될 것이기 때문입니다.

「어떻게든 높은 수익을 얻으려고」 투자를 한다면, 리스크 분산이 효과를 발휘하는 포트폴리오를 만들 수 없습니다. 반대 움직임을 보이는 것들을 여러 개 조합하는 것이 성공적인 투자에서는 절대 빠뜨릴 수 없는 핵심 포인트입니다.

알려지지 않은 「투자 철학」의 중요성

프로라면 누구나 가지고 있는 투자 철학

「투자 철학」이라는 말을 들어본 적 있으십니까? 투자 철학이란 투자를 할 때 어떤 일이 있어도 지켜나갈, 자신에게 적용되는 기본 규칙과 같은 것입니다. 시장 환경에 따라 수시로 투자 기법을 바꾸면 장기간에 걸쳐 안정적인 수익을 올리기 어려워집니다. 투자 행동에는 일관성을 유지할 필요가 있습니다.

예를 들어 「투자의 신」이라 불리는 워렌 버핏은 IT 버블 시기에 IT 종목에 투자하지 않았습니다. 상승 기류를 타고 있던 IT 종목에 투자하지 않았기 때문에 그가 운용하는 펀드의 성적은 크게 떨어졌습니다. 그러나 그는 자신의 투자 철학인 「이해할 수 있는 사업일 것」과 「적정 가격일 것」을 끝까지 지켜냈습니다.

당시에는 회사 이름에 닷컴(.com)만 붙어도 주가가 오르는 시대였습니다. 사람들은 그 기업이 무엇을 하는 회사인지도 모르면서 주식을 매수했습니다. 매수가 매수를 불러 IT 종목은 멈출 줄 모르고 상승했습니다.

IT 버블이 진행될수록 가격은 더욱 치솟았고, 가치 평가(Valueation, 저평가 정도를 나타내는 지표)가 현저하게 상승했습니다. 이치로 설명할 수 없을 만큼 고평가된 것입니다. 그럼에도 사람들은 매수를 멈추지 않았습니다.

적정 가격보다 싼 저평가된 주식을 매수하는 기법을 취하는 프로 가치 투자자(Value Investor) 중에서도 이미 고평가되고 있던 종목을 매수하기 시작했습니다. 「IT는 기존의 투자 이론을 완전히 구식으로 만들었다. IT 종목의 성장성 앞에서는 기존의 가치 평가 지표는 더 이상 아무 의미가 없다」는 것이 그 이유였습니다. 가치 투자자들이 앞다퉈 성장 투자자(Growth Investor, 고평가되었더라도 성장성을 보고 매수하는 투자자)로 변신했던 것입니다.

투자는 일관성을 잃으면 실패합니다. 그들은 프로였음에도 불구하고, 이미 너무 높은데도 계속 오르는 IT 종목을 사지 않으면 시장 평균(지수)을 이기는 것조차 어려워지게 되는 상황. 그 두려움과 고객으로부터의 압박에 져서, 「게임의 규칙이 바뀌었다」는 그럴듯한 이유를 내세우며, 원칙을 무시하고 성장 종목을 매수했습니다.

반면 버핏은 그 종목들에 손대지 않았습니다. 아무리 IT 종목이 기세 좋게 상승하더라도 가치 평가가 높으면 사지 않았고, 그 기업이 무엇을 수익원으로 하는지 알 수 없으면 사지 않았습니다. 「그 회사의 사업을 이해할 수 없으면 사지 않는다」「적정 가격이 아닌 것은 사지 않는다」는 자신의 투자 철학을 끝까지 지켜냈습니다.

그리고 아시다시피 IT 버블은 터졌습니다. 투자자 대부분이 큰 손실을 입었습니다. 자신의 투자 철학을 깨고 성장 투자로 전향했던 가치 투자자들의 성적은 특히 참담했습니다. 가치 투자자는 저평가된 종목을 발굴하는 능력은 뛰어났지만, 성장 투자에 대한 전문성은 높지 않았기에, 경험 없는 성장 투자에 갑자기 도전한다고 좋은 결과를 낼 리가 없었던 것입니다.

그런 가운데, 투자 철학을 지켜낸 버핏의 펀드는 독주하는 상황이 되었고, IT 버블 붕괴의 영향을 거의 받지 않았습니다.

IT 버블의 생성과 붕괴와 같은 붐과 붕괴는 어느 시대에나 반복적으로 찾아옵니다. 암호화폐(가상화폐)도 마찬가지이고, 지금이라면 AI가 여기에 해당될 가능성이 있습니다. 그러한 특별한 붐이 없을 때라도 시장이나 경제에는 「사이클」이 있습니다. 그 사이클에 따라 투자 기법을 바꾸거나 사이클을 뒤쫓아가면 성과는 악화됩니다. 사이클에 맞춰 같은 기법으로 다른 포지션을 취할 수는 있어도 (예를 들어, 경기 후퇴기에 접어드니 방어주 비중을 높이는 등), 「다른 기법」을 취해버린다면 IT 버블 시기에 피해를 입은 가치 투자자들과 같은 전철을 밟게 됩니다.

투자 행동의 일관성은 성공적인 투자에 반드시 필요한 요소입니다. 그리고 투자 철학을 가지고 있다면 일관성을 유지할 수 있습니다. 시장이 동요해도 자신은 동요하지 않고, 일관되게 자신이 믿는 스타일로 투자를 계속해 나갈 수 있는 것입니다.

투자 철학을 만드는 방법

그렇다면 투자 철학은 어떻게 만들어야 할까요? 저는 개인 투자자분들에게는 프로 펀드매니저와는 조금 다른 형태를 권장합니다. 개인 투자자가 투자 철학에 포함시켜야 할 요소는 다음과 같은 네 가지입니다.

　① 무엇을 위해 투자를 하는가

　② 어떤 때에도 준수할 투자 규칙

　③ 어떤 때에도 준수할 투자 스타일

　④ 어떤 기업을 응원하고 싶은가

한가지씩 확인해 봅시다.

① 투자의 목적을 정한다

이것이 정해지면 목표로 하는 자산 총액과 운용 기간이 결정됩니다. 그렇게 되면 현재의 자산 총액과 운용 기간을 바탕으로, 연간 얼마를 투자하고 얼마의 수익을 얻어야 목표 달성이 가능한지 알 수 있습니다. 여기서 자신의 리스크 허용도를 고려하여 얼마의 수익을 목표로 할지 정합니다. 결과적으로 무엇에 투자할지, 어떤 기법이 최적인지가 결정됩니다.

② 투자의 규칙을 정한다

버핏처럼 자신만의 독자적인 투자 규칙을 정합니다. 개인 투자자이므로 신용 거래나 레버리지(수익이 2배 또는 3배가 되는 기법. 당연히 손실도 2배, 3배가 될 위험이 높음)를 사용한 투자는 하지 않는 등, 「하지 않을 투자」를 정해두는 것도 매우 좋다고 생각합니다. 제10장에서 다룰 「절대 하지 마라! 투자의 함정」도 참고하시기 바랍니다.

③ 투자의 스타일을 정한다

이것은 액티브 펀드(195페이지 참조)를 매수하지 않는 한 관계없는 일이지만, 많은 분들이 액티브 펀드와 패시브 펀드(194페이지 참조)의 차이도 모르면서 매수를 하고 있으므로, 우선 이 두 가지를 구별하는 것부터 시작하십시오.

패시브가 좋은지 액티브가 좋은지에 대한 논쟁은 항상 있지만, 저는 **리스크 허용도가 낮을 때는 패시브 펀드를, 리스크 허용도가 올라가면 점차적으로 액티브 펀드도 매수하는 기법을 권장합니다**. 패시브를 중심에 두고, 액티브에도 자산의 몇 할(%)을 배분하는 방식입니다.

액티브 펀드에 투자할 단계가 되었을 때를 생각하여, 미리 어떤 스타일로 할지를 정해두고 그것을 투자 철학으로 확립해 둡니다. 액티브 펀드의 스타일에는 다양한 것이 있지만, 가장 대표적인 것은 앞서 언급한 성장과 가치입니다.

펀드매니저의 경우, 성장 펀드를 운용한다면 성장 스타일을, 가치 펀드를 운용한다면 가치 스타일을 취하는 것이 일반적입니다(GARP처럼 둘을 조합한 기법도 있습니다). 하지만 우리 개인 투자자의 경우는 성장 펀드와 가치 펀드 모두 매수할 수 있습니다.

오히려 둘 다 매수하여 「분산」을 하는 것을 추천합니다. 이 경우, 「성장과 가치를 균형 있게 조합하여 수익을 최대화」하는 투자 철학을 만들 수 있습니다. 사실 이것이 수익을 지속적으로 안정시키는 「열쇠」가 됩니다.

④ 「어떤 기업을 응원하고 싶은가」를 정한다

리스크 허용도가 높아짐에 따라 패시브 펀드, 액티브 펀드 순으로 리스크를 높여왔다면, 다음으로 개별 종목 투자에 참여하는 것이 가능해집니다.

반대로 말하면, **장기간에 걸쳐 안정적인 수익을 목표로 하기 위해서는, 갑작스럽게 개별 종목 투자부터 시작하는 것은 피하는 것이 좋습니다.** 개별 종목의 리스크는 70%, 80%가 되는 것이 대부분으로, 투자를 막 시작한 사람의 리스크 허용도를 크게 상회하기 때문입니다. 말씀드렸듯이, 리스크 허용도를 초과한 투자는 실패합니다. 갑자기 개별 종목을 매수할 수 있는 개인 투자자는 그리 많지 않을 것입니다.

리스크 허용도가 충분히 높아지면 개별 종목 투자에 들어가는데, 이때 어떤 기업을 응원할 것인지를 투자 철학으로 정해둘 것을 추천합니다. 그것이 「왜」 그 종목을 사는지를 확고한 매수 목적이 되어, 시장 상황이 크게 흔들리더라도 계속 보유할 수 있는 강점을 발휘할 수 있기 때문입니다. 투자나 인생은 목적이 명확하면 마음이 흔들리지 않는 법입니다.

예를 들어 「지구에 이로운」 기업을 응원하고 싶다면, 연기를 내뿜는 대형 공장에서 만든 상품을 파는 기업이 아니라, 신흥국의 노동자가 수작업으로 만든 상품을 파는 기업에 투자하는 것 등을 들 수 있습니다. 성장성이나 수익성은 그리 높지 않더라도, 그 기업이 창출하는 가치나 미션에 공감하는, 이른바 「공감 투자」라고도 볼 수 있는 것입니다.

자신이 공감할 수 있는 비즈니스를 하는 기업이니까 응원하기 위해 사는 것이라면, 주가가 다소 하락하더라도 쉽게 팔지 않을 것입니다. 그 기업의 성장을 위해 출자하고, 거기서 나오는 열매를 누린다는 마음이 들기 때문에, 장기적인 안목에서 꾸준히 키워나갈 수 있을 것입니다.

이러한 투자 철학을 가지고 있으면, 시장이 동요할 때도 당황하지 않고, 정해놓은 투자 규칙과 기법을 계속 유지할 수 있습니다.

투자는 감정적이 되면 실패합니다. 투자 철학이란, 만약 그 원칙을 가지고 있지 않았다면 감정적이 되었을 상황에서도, 담담하게 투자를 지속할 수 있는 힘을 갖게 해 주는 것입니다. 비합리적이고 안타까운 투자자가 되지 않기 위해서라도, 당신을 지켜줄 「감시자」를 만들 것을 추천합니다.

제 **7** 장

성공적인 투자
[투자 이론 편]

익혀두면 평생 도움이 되는
「현대 포트폴리오 이론」

현대 포트롤리오 이론이란?

여기까지 리스크, 리스크 허용도, 리스크 분산, 투자 철학과 같이 성공적인 투자에 필요한 기초 지식에 대해 배웠습니다. 제 7장에서는 드디어 포트폴리오 매니지먼트에 필요한 투자 이론으로 들어가봅시다.

수백 년에 걸쳐 투자에 성공하려면 어떻게 해야 할지 다양한 전문가들의 연구가 진행되었습니다. 그중 효용이 인정되어 지금까지도 폭넓게 사용되고 있는 것 중 하나가 「현대 포트폴리오 이론」입니다.

이 이론은 해외의 경우에도 대학원에서 배우는 이론이며, 일반 개인 투자자들에게는 익숙하지 않을 수도 있습니다. 그리고 「그런 것은 몰라도 자산을 늘릴 수 있다」고 말하는 사람도 있겠죠. 하지만, 전 세계 전문 펀드매니저들은 현대 포트폴리오 이론에 근거하여 투자를 하고 있습니다. 이를 생각해 볼 때, 개인 투자자인 우리 역시 이 이론을 사용하지 않을 이유가 없는 것입니다.

현대 포트폴리오 이론이 널리 퍼지지 않은 이유는, 수학이나 통계 지식이 필요하여 가르치기 어렵고, 배우고 싶어 하는 사람이 별로 없으며(되도록 어려운 것은 피하고 쉽게 자산을 늘리고 싶어 하는 사람이 더 많음), 가르치기보다 자신들이 운용하는 것이 실익이 더 크다는 이 세 가지 요인 때문이라고 생각합니다.

저는 다행인지 불행인지 투자는 물론 인생 전반을 관리하는 코치가 되는 길을 택했기에, 아낌없이 이 지식을 여러분에게 전달하고 싶습니다. 익혀두면 평생 도움이 되는 신성한 투자 이론인 점을 알아주셨으면 좋겠습니다. 되도록 알기 쉽게 설명하겠지만, 그래도 조금은 마음을 다잡고 읽어 주시기를 바랍니다.

우선 용어 해설부터 시작하겠습니다. 이미 설명한 용어도 있지만, 다시 한번 정리해 두겠습니다.

운용(투자) 포트폴리오

자산 총액을 100%로 했을 때, 무엇과 무엇에 몇 퍼센트씩 배분하고 있는지, 보유하고 있는 자산의 내역과 보유 비율을 「운용 포트폴리오」라고 부릅니다.

포트폴리오 매니지먼트

사고 싶은 것을 하나씩 따로따로 매수하는 것이 아니라, 자산 총액 전체를 어떤 자산 클래스에 몇 퍼센트씩 배분하여 투자할지, 그 「조합」과 「배분」을 결정하고, 그것들을 컨트롤해 나가면서 자산 증가를 목표로 하는 투자 기법입니다. 장기 투자의 범주에 들어갑니다.

참고로, 차트를 보고 매매 타이밍을 재서 매매 차익을 얻는 기법은 단기 기법에 속합니다.

자산 배분(Asset Allocation)

「투자처를 어떻게 선택해야 하는가?」에 대해 지난 100년 가까이 특히 미국에서 활발한 연구가 이루어져 왔습니다.

연구 결과, 투자의 성적을 결정하는 것은 「무엇을 언제 살지」의 종목 선택과 타이밍이 아니라, 「자산 총액 중 무엇을 몇 퍼센트 살지」의 「조합」과 그 「배분 비율」이라는 것이 밝혀졌습니다. 이 논리에 따라 어떤 자산 클래스에 얼마만큼 배분할지 결정하는 것을 「자산 배분」이라고 부릅니다.

한 연구에 따르면, 운용 결과의 93%는 어떤 주식을 샀는지가 아니라 자산 배분으로 결정된다고 합니다. 개별 종목 선택에 의

한 공헌도는 불과 4.2%, 매매 타이밍의 공헌도는 이보다 더 적은 1.7%임이 밝혀졌습니다. (『Determinants of Portfolio Performance』 Financial Analysts Journal, 1986)

지금도 전 세계 대부분의 펀드매니저는 이러한 연구 결과에 따라 「어떤 자산 클래스에 몇 퍼센트 배분할지」를 결정하는 데 심혈을 기울이고 있습니다. 그것이 운용 성적의 명암을 가른다는 것을 알고 있기 때문입니다.

최근 들어 이것이 틀렸다고 주장하는 사람들도 나타나고 있지만, 실제로 포트폴리오를 운용하는 현장에서는 매주, 지닌주에 무엇에 몇 퍼센트 배분했고 몇 퍼센트의 초과 수익이 나왔으며, 그것이 종목 선택 때문인지, 섹터 배분 때문인지, 지역 배분 때문인지, 아니면 자산 클래스 배분 때문인지를 보여주는 「요인 분석」을 수행하고 있습니다. 그 결과에서도 앞선 연구 결과와 마찬가지로, 자산 배분이 초과 수익의 90% 이상을 가져오고 있음이 나타나고 있습니다.

따라서 모든 운용사는 자산 배분을 결정하는 전문직인 스트래티지스트(Strategist, 전략가)라는 포지션을 주요 지역에 배치하고 있습니다. 3개월에 한 번 등 정기적으로 스트래티지스트, 이코노미스트, 포트폴리오 매니저가 모여 향후 세계 경제와 시장 전망을 파악하고 다음 3개월의 자산 배분을 결정하는 것입니다.

프로 투자자들과 완전히 똑같이 할 수는 없지만, 개인 투자자인 우리도 같은 이론에 근거하여 포트폴리오 매니지먼트를 실천할 수 있습니다. 자, 지금부터 배워봅시다.

「평균-분산 모델」 이것만 숙지하면 OK

현대 포트폴리오 이론의 핵심을 이루는 모델이 바로 「평균-분산 모델(Mean-Variance Model)」입니다. 이는 해리 마코위츠(Harry Markowitz)에 의해 1952년에 제창되었으며, 각 자산 클래스의 기대 수익과 리스크를 바탕으로 「최적의 포트폴리오」를 결정하는 방법을 제시하는 모델입니다.

이러한 교과서적인 설명은 어려우니 이쯤 하고, 다소 직접적인 표현이 될 수는 있겠지만 간단한 설명을 해 보겠습니다.

나에게 있어 「최적의 포트폴리오」란?

최적의 포트폴리오란, 간단히 말해 효율적인 포트폴리오를 의미합니다.

효율적인 포트폴리오란, 수많은 리스크와 수익의 조합 중에서 「**리스크가 가장 작고, 수익이 가장 커지는 포트폴리오**」를 가리킵니다. 리스크의 최소화는 음의 상관관계에 있는 복수의 종목을 조합함으로써 가능해집니다.

이러한 종목들을 잘 조합하여, **포트폴리오 전체의 리스크가 최소가 되도록 하고, 그 안에서 수익이 최대가 되도록 조합과 배분을 결정한 것이 투자자에게 있어 최적인 포트폴리오인 것입니다.**

실제로는 최소의 리스크가 되는 조합을 선택하는 것이 아니라, 자신의 리스크 허용 범위 내에서 최대의 수익이 되도록 결정합니다. 예를 들어 리스크 허용도가 10%라면, 포트폴리오 전체의 리스크가 10%가 되도록, 그 안에서 수익이 최대가 되는 조합과 배분을 결정합니다.

그것이 자신에게 있어서의 「최적의 포트폴리오」라고 할 수 있습니다.

포트폴리오 전체의 기대 수익 계산법

평균-분산 모델에 대해 좀 더 자세히 설명하겠습니다. 계산이 들어가기 때문에 숫자를 싫어하는 분들은 건너뛰고 싶을 수도 있지만, 이것을 이해하면 개인 투자자들 사이에서 한 걸음 앞설 수 있습니다. 효율적으로 자산을 늘릴 수 있는 투자를 할 수 있으니, 조금만 힘내주십시오.

실제로는 초등학교 때 배운 사칙연산밖에 사용하지 않으므로, 하나하나 이해해 나간다면 생각보다 어렵지는 않을 것입니다. 자, 시작합니다.

예를 들어 펀드 A와 펀드 B가 있고, 기대 수익이 각각 5%와 10%라고 가정합시다. 리스크도 이해하기 쉽게 5%와 10%라고 가정합시다.

현재 당신은 A를 60%, B를 40% 보유하고 있습니다. 이때 포트폴리오 전체의 기대 수익과 리스크는 몇 퍼센트가 될까요? 포트폴리오 전체의 기대 수익은 가중평균으로 산출할 수 있습니다.

배분 비율이 균등할 경우(50%씩)에는 더해서 2로 나누어도 같은 답이 나오지만, 균등하지 않고 60%와 40%라면 가중평균 식을 사용할 수밖에 없습니다. 가중평균이란 배분 비율에 가중치가 걸려 있는 경우의 평균값입니다.

다음 식으로 산출할 수 있습니다.

기대 수익 = 5% × 0.6 + 10% × 0.4 = 7%

펀드	배분	기대 수익	리스크
A	60%	5%	5%
B	40%	10%	10%
포트폴리오	100%	7%	?

포트폴리오 전체의 리스크 계산법

그렇다면 리스크는 어떨까요? 두 자산의 관계가 양의 상관관계에 있고 상관계수가 1이라면 리스크 역시 단순한 가중평균이 됩니다. 하지만 음의 상관관계에 있는 경우에는 리스크는 가중평균보다 작아집니다. 이는 제6장에서도 말씀드렸지만, 여기서는 숫자를 사용하여 설명하겠습니다.

포트폴리오 선체의 리스크는 포트폴리오의 「통계직 분산」을 구한 뒤, 그 값에 루트(√)를 씌워 계산합니다. 이때 말하는 「분산」은 여러 종목에 나누어 투자한다는 의미의 「분산 투자」와는 다른 통계학상의 개념입니다. 조금 복잡하지만, 통계학에서의 분산값이 곧 리스크의 기초가 된다는 점이 핵심입니다.

포트폴리오 리스크를 계산할 때는 통계학의 「분산」 개념을 사용합니다. 분산은 표준편차(σ)를 제곱한 값(σ^2)을 말합니다. 계산 과정에서 먼저 제곱을 한 뒤, 마지막에 다시 루트($\sqrt{}$)를 씌우는 번거로운 과정을 거치는데, 여기에는 중요한 이유가 있습니다. 수익률은 평균보다 높을 수도(+), 낮을 수도(−) 있습니다. 우리가 알고 싶은 리스크는 이「변동 폭의 크기」그 자체입니다. 하지만 단순히 플러스와 마이너스 값을 그대로 더하면 서로 상쇄되어 0이 되어버리는 문제가 발생합니다. 이 마이너스 기호를 없애기 위해 모든 값을 제곱하는 것입니다. 수학적으로「마이너스 × 마이너스」는「플러스」가 되므로, 모든 변동이 양(+)의 숫자로 바뀝니다. 이렇게 계산된 값을 다시 루트로 되돌려주면, 제곱으로 인해 커졌던 수치가 원래의 단위로 돌아오며 우리가 원하는 리스크(표준편차) 값이 나옵니다.수학적인 원리가 조금 어렵게 느껴진다면, 마이너스 기호를 없애고 오직「변동의 크기」만 남기기 위한 마법의 계산법 정도로 이해하셔도 충분합니다.

다만 수식으로 설명하는 것이 이해하기 쉬운 분들도 있으므로, 식을 적어두겠습니다. 이 식은 수학이나 통계학에 익숙하지 않은 분들을 위해 원리를 최대한 쉽게 설명하고자 복잡한 과정을 단순화한 형태입니다. 전문적인 엄밀함보다는 상관계수가 리스크 계산에 어떤 식으로 개입하는지 그 흐름에 주목해 주시기 바랍니다.

포트폴리오의 분산(σ², 평균으로부터의 변동 폭의 제곱)은 과거의 실적 수치(상관계수)를 사용하여 다음 식으로 계산할 수 있습니다. 5% × 0.6을 a, 10% × 0.4를 b로 나타내면,

분산(σ²) = (a + b)² × 상관계수

이를 분해하면 다음과 같습니다.

분산(σ²)

= (a + b)² × 상관계수

= (a + b) × (a + b) × 상관계수

= (a² + ab + ab + b²) × 상관계수

= (a² + b² + 2ab) × 상관계수

a는 5% × 0.6, b는 10% × 0.4였으므로,

(a² + b² + 2ab) × 상관계수

= {(5% × 0.6)² + (10% × 0.4)² + 2(5% × 0.6)(10% × 0.4)}

× 상관계수가 됩니다.

마지막에 상관계수를 곱하는데, 1인 경우에는 1을 곱해도 아

무엇도 변하지 않습니다. 가중평균과 같은 답이 나옵니다.

반면에 상관계수가 마이너스 1인 경우에는 마지막 항이 마이너스가 되어 전체값에서 차감되므로 그만큼 답은 작아집니다. (이 계산 방식은 엄밀히 말하면 통계학적으로 정확하지는 않지만, 상관계수가 포트폴리오의 리스크에 어떤 식으로 영향을 주는지 그 이미지를 전달하고자 하는 것입니다.)

이렇게 계산된 답은 처음에 제곱을 한 상태이므로, 마지막에 √를 씌워 원래 수치로 되돌립니다. 그 결과값이 우리가 구하려고 하는 포트폴리오의 리스크(평균으로부터의 실적 변동 폭)가 됩니다.

복잡한 계산 과정을 생략하고 결과만 말씀드리면 다음과 같습니다.

양의 상관관계(+1)에 있는 두 펀드를 60%와 40%의 비율로 조합했을 때의 포트폴리오 전체 리스크는 두 리스크의 단순 가중평균인 7%가 됩니다.

음의 상관관계(-1)에 있는 두 펀드를 같은 비율로 조합했을 때: 포트폴리오 전체 리스크는 0.25%까지 떨어집니다. 똑같은 펀드에 투자하더라도 상관관계에 따라 리스크가 얼마나 획기적으로 작아질 수 있는지 명확히 이해하실 수 있을 것입니다.

펀드	배분	기대수익	리스크
A	60%	5%	5%
B	40%	10%	10%
포트폴리오 상관계수1	100%	7%	7%
포트폴리오 상관계수 −1	100%	7%	0.25%

리스크–수익 특성을 반드시 확인해야 하는 이유

두 펀드의 개별 리스크는 각각 5%, 10%나 되었습니다. 만약 리스크 허용도가 3%인 투자자라면, 두 상품 무두 리스크가 너무 높아 단독으로는 매수할 수 없습니다.

그러나 음의 상관관계에 있는 두 가지를 조합하자, 전체 리스크는 0.25%로 획기적으로 낮아졌습니다. 이 정도 수치라면 리스크 허용도가 3%인 투자자라도 충분히 안심하고 매수할 수 있습니다.

이처럼 개별적으로는 리스크가 크더라도, 음의 상관관계에 있는 두 가지 이상의 자산을 조합하면 포트폴리오 전체의 리스크를 대폭 줄일 수 있습니다. 이것이 바로 「리스크 분산」의 힘입니다.

펀드든 개별 종목이든, 어떤 투자처라도 3년의 운용 실적만 있으면, 수익률과 리스크 수치를 계산해 낼 수 있습니다. 수익과 리스크는 세트로 언급되는 경우가 많으며, 앞서 말했듯이 이것을 해당 투자처의 「리스크-수익 특성」이라고 부릅니다.

투자를 할 때는, 매수를 검토하고 있는 펀드 또는 종목의 리스크-수익 특성을 알고, 「최적의 포트폴리오」(리스크 최소, 수익 최대)가 되도록 자산 배분을 결정해 나갑니다.

이것이 현대 포트폴리오 이론을 사용한 포트폴리오 매니지먼트입니다.

여러분은 이로써 현대 포트폴리오 이론과 평균-분산 모델을 이론적으로 이해한 셈입니다.

다음은 여러분에게 「최적의 포트폴리오」를 어떻게 구축해 나가야 하는 것인지 설명하겠습니다.

나에게 맞는 「최적의 포트폴리오」를 구축하는 방법

프로 펀드매니저는 어떤 종목을 매수할지 결정하기에 앞서, 자산 배분을 어떻게 할 것인지를 결정합니다. 자산 간의 투자 비율을 먼저 비율을 먼저 확정한 뒤, 그 비율 안에서 구체적으로 무엇을 살지 정하는 방식입니다. 이때 가장 중요한 것은 실제 투자 비중이 미리 결정한 목표 비율에서 크게 벗어나거나 모자라지 않도록 엄격하게 관리하는 것입니다.

아래 그림에 나타난 두 포트폴리오를 보십시오. 둘 다 수익은 비슷한 수준이지만, 리스크는 상당히 다릅니다. 오른쪽 포트폴리오는 리스크를 의식하지 않고 매수한 결과이며, 만약 이 사람의 리스크 허용도가 15%라면 자신의 리스크 허용도를 초과해버린 상태입니다.

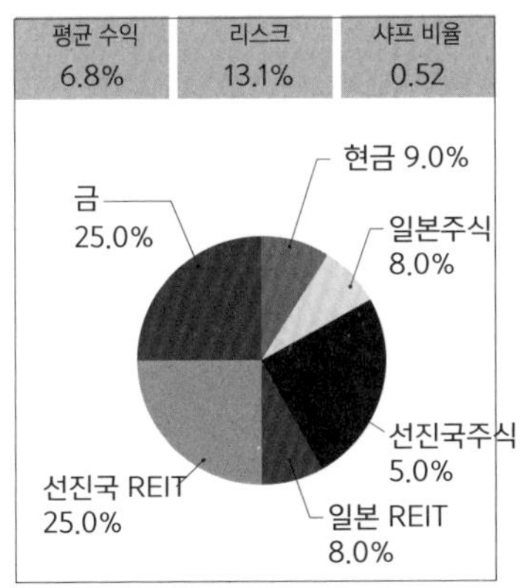

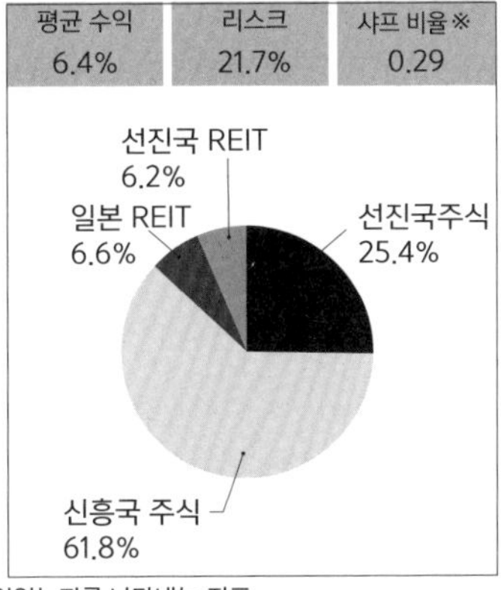

※ 샤프 비율이란 리스크 대비 얼마나 많은 수익을 얻었는지를 나타내는 지표.
　 이 수치가 높을수록 운용 효율이 좋다.
　 주: 이는 특정 시점의 예시이며, 이 배분대로 투자한다고 해서 항상 이 리스크와 리턴이 되는 것은 아닙니다.

자신에게 최적인 포트폴리오 구축 단계는 다음과 같습니다.

① 자신의 리스크 허용도(%)를 파악한다.

② 개별 자산의 리스크를 바탕으로 포트폴리오 전체의 리스크를 구한다.

③ 그것이 자신의 리스크 허용도 내에 수렴하는지 확인한다.

④ 수렴하지 않는다면, 수렴하도록 조합과 배분을 조정한다.

⑤ 그 안에서 최대의 수익이 되는 조합과 배분을 결정한다.

②번 단계에서, 포트폴리오 전체의 리스크를 앞서 복잡한 수식으로 직접 계산하는 것은 매우 번거로운 일입니다. 다행히 이를 자동으로 계산해 주는 사이트들이 있으니 이를 활용하시길 추천합니다. 특히 패시브 펀드(인덱스 펀드 등) 위주로 포트폴리오를 짤 때 매우 유용합니다.

- 참고 사이트: myINDEX 마이 인덱스 「자산 배분 툴」
(https://myindex.jp/user/myaa.php)

이 책에 등장하는 원형 차트들도 바로 이 사이트를 활용해 작성한 것입니다. 여기까지 따라오셨다면 투자 이론에 근거한 「나만의 최적 포트폴리오」가 완성된 셈입니다. 이제 남은 것은 실제 운용입니다. 이어지는 [실천 편]에서는 구체적인 운용 방법과 리스크 허용도별 모델 포트폴리오를 자세히 소개해 드리겠습니다.

제 **8** 장

성공적인 투자
【포트폴리오 매니지먼트 실천 편】

자신에게 맞는
포트폴리오 매니지먼트를 시작하자

인생에서 처음으로 포트폴리오를 구축하려는 단계라면, 여러분의 리스크 허용도는 아직 그리 높지 않을 것입니다. 일반적으로는 5~10% 정도가 평균적입니다.

각 자산별 리스크 수치를 살펴보면, 미국 주식(S&P 500의 과거 20년 리스크)이 약 20%, 일본 주식(TOPIX의 과거 20년 리스크)이 약 17%이므로, 리스크 허용도 10%를 훨씬 넘어섭니다(2023년 10월 시점).

원칙대로라면 이런 자산들에 투자하는 패시브 펀드는 위험해서 매수할 수 없다는 결론에 도달합니다. 펀드 중에서도 리스크가 가장 작다는 패시브 펀드조차 담을 수 없다면(일반적으로 액티브 펀드는 이보다 리스크가 더 높습니다), 사실상 투자가 불가능해집니다.

하지만 앞서 거듭 강조했듯이, 개별 펀드의 리스크는 크더라도 여러 자산을 조합하면 전체 리스크를 낮출 수 있습니다. 이제 포트폴리오 전체의 리스크가 내 허용 범위인 10% 이내로 들어올 수 있도록, 자산들의 「조합과 배분」을 고민하는 것부터 시작해 봅시다.

초보자에게 추천하는 자산

자신의 리스크 허용도 범위 내로 리스크를 낮추기 위해서는, 서로 음의 상관관계에 있는 자산들을 조합해야 합니다. 프로 투자자라면 데이터들을 직접 조사해야겠지만, 여러분은 과거 실적을 통해 분산 효과가 이미 검증된 조합을 선택하는 것만으로도 충분히 성공적인 투자가 될 것입니다

그 대표적인 조합은 다음 네 가지 자산군입니다.

- 외국 주식(일본을 제외한 선진국 주식)
- 일본 주식
- 외국 채권(일본을 제외한 선진국 채권)
- 일본 채권

주식과 채권은 기본적으로 음의 상관관계에 있습니다. 「두 자산이 동시에 하락할 때도 있으니 음의 상관관계라고 볼 수 없다」는 의견도 있지만, 일시적인 현상일 뿐 결국 다시 음의 상관관계로 돌아오니 큰 걱정은 하지 않으셔도 됩니다.

우선 이 네 가지 자산에「금(Gold)」을 더한 다섯 가지 자산으로 포트폴리오를 시작해 보시길 권장합니다.

또한 투자 경험이 있는 중·상급자라도 우선 이 다섯 가지 자산으로 구성된 포트폴리오를 만들고, 이를 핵심(Core)으로 보유하면서 리스크가 높은 자산을 위성(Satellite)으로 조합하는 방식(코어-위성 전략)을 실천하면 수익 안정화에 도움이 됩니다.

만약 더 높은 리스크를 감수할 수 있는 상급자라면, 이 다섯 가지 자산에 신흥국 주식과 채권을 더해 일곱 가지로 늘리거나 여기에 더해 국내외 REIT(부동산 투자 신탁)을 추가해 열 가지 자까지 확장할 수 있습니다. 다만, 자산을 추가할수록 변동성이 커지므로 포트폴리오 전체 리스크가 자신의 허용도 내에 있는지 수시로 확인해야 합니다.

리스크를 관리한다는 것

종목 간의 음의 상관관계 못지않게 리스크 분산 효과를 결정짓는 중요한 요소가 하나 더 있습니다. 그것은 바로 각각의 자산을 몇 퍼센트씩 담을지 결정하는「배분」입니다.

A를 60%, B를 40%로 조합했을 때와 A를 10%, B를 90%로 조

합했을 때, 포트폴리오 전체의 리스크 값은 상당히 달라집니다.

포트폴리오 전체가 감수하는 리스크가 자신의 리스크 허용도 내에 수렴하도록 조합과 배분을 결정하는 것을 「리스크 관리」라고 합니다.

리스크 관리는 포트폴리오를 처음 구축할 때만 필요한 것이 아닙니다. 구축 이후의 꾸준한 관리 역시 매우 중요합니다. 아무리 처음에 완벽한 비율로 투자했더라도, 시장은 매일 변하기 때문에 단 하루만 지나도 그 비율은 조금씩 어긋나기 시작합니다. 따라서 정기적으로 포트폴리오를 점검하여 처음에 정했던 목표 비율(기본 자산 배분)로 되돌리는 작업이 필요합니다. 이를 「리밸런싱(Rebalancing)」이라고 부릅니다.

리밸런싱을 얼마나 치밀하게 수행하느냐에 따라 포트폴리오 운용의 성패가 갈린다고 해도 과언이 아닙니다. 포트폴리오 구축 단계에서의 자산 배분과 구축 이후의 리밸런싱이 투자 성적을 결정짓는 양대 기둥이라는 사실을 꼭 기억해 두시기 바랍니다.

그럼 구체적으로 자산 배분을 어떻게 하는지 그 방법부터 살펴보겠습니다.

자산 배분 비율 결정하기

여기에 100만 엔의 투자 자금이 있다고 가정합시다.

다섯 가지 자산에 똑같이 20%씩 투자했을 때는 기대 수익률은 7.1%, 리스크는 9.1%가 됩니다. 이것을 30%, 30%, 10%, 10%로 배분을 변경해 보면, 기대 수익률은 8.3%, 리스크는 11.7%가 됩니다 (2024년 2월 말일 기준).

100만 엔을 동일한 다섯 가지 자산에 투자하더라도, 자산 배분에 따라 이처럼 수익-리스크 특성이 크게 달라지는 것입니다.

이런 과정을 거쳐 포트폴리오 전체 리스크가 자신의 리스크 허용도 범위 내에 들어오는 최적의 배분을 찾아나갑니다.

즉, 배분 비율이나 기대 수익은 투자자가 마음대로 정하는 것이 아닙니다. 전체 리스크가 나의 리스크 허용도에 부합하도록 조정하다 보면, 그에 맞는 배분 비율과 기대 수익은 자연스럽게 결정되는 것입니다.

실제로 앞 장에서 소개해 드린 「myINDEX 마이 인덱스」라는 사이트에 퍼센트를 입력해 보면, 예상 리스크와 기대 수익을 순식간에 계산해 줍니다. 투자 대상이 같더라도 배분 비율이 바꿔면 수익과 리스크가 얼마나 크게 변하는지 직접 확인해 보시기 바랍니다.

자산 배분 비율의 실제 사례

우선 기본 다섯 가지 자산에 20%씩 균등하게 투자한 사례부터 시작하여, 다양한 비율을 입력해 보고 리스크와 수익이 어떻게 변화하는지 확인해 봅시다.

그 과정에서 자신의 리스크 허용도 내에 들어오는 「배분 비율」을 결정합니다. 그 배분 비율로 산출된 기대 수익이 당신이 목표로 할 수 있는 기대 수익입니다. 가령 7%가 나왔다면, 7%인 것입니다. 「그렇게 낮은 수익은 싫다」고 생각하더라도, 기대 수익이 20%가 되는 조합을 선택해서는 안 됩니다. 그렇게 하면 자신의 리스크 허용도를 넘어서게 되어, 결국 투자를 지속하지 못하고 실패할 확률이 매우 높기 때문입니다.

단, 이것은 과거 실적을 바탕으로 한 「정량 분석(Quantitative Analysis)」만을 통해 산출된 배분입니다. 여기에 더해, 자산 배분에서는 「정성 분석(Qualitative Analysis)」이 요구됩니다.

정성 분석이란 세계 및 지역별 경제 전망, 기업 실적뿐만 아니라 지정학적 리스크나 정치적 상황 등 향후 주가에 영향을 미칠 수 있는 다양한 변수들을 고려하는 것을 말합니다.

예를 들어 정량 분석 결과, 외국 주식 7 : 국내 주식 3의 비율이 최적이라는 결론이 나왔다고 가정해 봅시다. 그런데 정성 분석을 통해 현재의 경기 사이클상 국내 주식이 외국 주식보다 더 매력적이라고 판단된다면, 정량 분석 결과를 수정(Override)하여 외국 주식 6 : 국내 주식 4로 비중을 조정하는 식입니다. 이와 같은 종합적인 판단을 통해 최종적인 자산 배분을 결정하게 됩니다.

리스크 허용도가 높아졌다면……

투자 경험이 쌓여감에 따라 투자자의 리스크 허용도는 자연스럽게 높아집니다. 처음에는 10% 수준에 불과했던 사람도 경험이 풍부해지면 12%, 15%, 17%, 그리고 20%까지 감당할 수 있는 리스크 범위가 넓어집니다.

리스크 허용도가 높아진다는 것은 그만큼 더 공격적인(즉, 더 높은 수익을 기대할 수 있는) 자산군을 포트폴리오에 추가할 여력이 생겼음을 의미합니다. 이제부터는 리스크 허용도가 높아짐에 따

라 어떤 자산들을 새롭게 선택하고 조합하는 것이 좋을지 구체
적으로 살펴보겠습니다.

일단 패시브 펀드부터 시작

**일반적으로 자산 운용에 적합하다고 여겨지는 상품 중에서 리
스크가 가장 낮은 것은 시장 전체를 매수하는 「패시브 펀드」입니
다.** 패시브 펀드는 다른 이름으로 인덱스 펀드(Index Fund)라고도
불리며, 특정 인덱스(지수)의 움직임에 정확히 연동되도록 구성
된 투자 신탁입니다.

예를 들어, 일본의 대표 지수인 TOPIX 연동 펀드라면 TOPIX
가 3% 오를 때 펀드 수익률도 3% 오르고, 2% 내릴 때 똑같이 2%
하락하는 식입니다. 이는 투자자가 해당 지수를 구성하는 모든
종목을 직접 매수하는 것과 같은 효과를 줍니다.

TOPIX에는 약 2,500개의 기업이 포함되어 있으므로, 이 펀
드에 투자한다는 것은 곧 2,500개 기업의 평균 수익률과 리스크
를 그대로 가져간다는 뜻입니다. 패시브 펀드 내에서도 리스크
는 대형주 < 중형주 < 소형주 순으로 높아집니다.

따라서 처음에는 대형주 중심의 지수 연동 펀드를 포트폴리

오의 중심에 두고, 리스크 허용도가 점차 높아짐에 따라 중소형 주 인덱스 펀드를 조합에 추가하는 방식으로 기대 수익률을 끌어올릴 수 있습니다.

액티브 펀드를 검토해야 할 시점

패시브 펀드에 소형주까지 포함해 포트폴리오를 구성해 보았다면, 이제 액티브 펀드(Active Fund)를 고려해 볼 자격이 생겼다고 할 수 있습니다. 액티브 펀드란 특정 지수(인덱스)의 수익률을 넘어서는 성과를 목표로 하는 펀드입니다. 시장 평균보다 높은 수익을 내기 위해, 펀드매니저는 지수 구성 종목 중에서도 특히 성장이 기대되는 우량 종목만을 엄선하여 포트폴리오를 구성합니다.

펀드에 몇 개의 종목을 담을지는 해당 펀드가 감수하려는 리스크 수준에 따라 달라집니다. 높은 리스크를 감수하더라도 고수익을 노리는 펀드라면 30~40개 기업에 집중적으로 투자하고, 리스크를 낮추고 싶은 펀드라면 종목 수를 늘려 분산 투자합니다. 때로는 120개가 넘는 기업을 담는 액티브 펀드도 있습니다.

일반적으로 종목 수가 적을수록 분산 효과가 떨어져 리스크가 높아지며, 종목 수가 많을수록 분산 효과가 커져 리스크가 낮아집니다. 하지만 70~80개 이상의 종목을 담게 되면, 그 이상은 분산 효과가 더 이상 눈에 띄게 증가하지 않는다는 연구 결과가 있습니다. 그래서 100개가 넘는 종목을 담은 액티브 펀드에 대해서는 「이럴 거면 패시브 펀드와 다를 게 무엇이냐」라는 비판적인 시각도 존재합니다. 이러한 이유로 대부분의 액티브 펀드는 70~80개 내외의 종목을 유지하는 것이 일반적입니다..

액티브 펀드가 패시브 펀드에 뒤처지는 것처럼 보이는 이유

액티브 펀드의 매니저는 자신이 엄선한 70~80개 종목의 실적이 시장 전체(TOPIX 2,500개 종목)의 평균보다 높을 것이라 믿고 포트폴리오를 구성합니다. 이를 위해 기업의 성장성과 안정성을 분석하고, 경영진과 직접 면담하는 등 방대한 리서치를 수행합니다. 주식 애널리스트들의 전문적인 조력을 받으며 종목 선정에 엄청난 시간과 노력을 쏟아붓는 것이지요.

그 대가로 투자자가 지불하는 「신탁 보수(운용 보수)」는 당연히 패시브 펀드보다 비싸집니다. 보통 0.2% 내외인 패시브 펀드에 비해, 액티브 펀드의 보수는 1~2%대로 거의 10배 가까이 높은 것이 일반적입니다.

여기서 우리가 주의해야 할 점이 있습니다. 더 높은 수익을 기대하고 비싼 보수를 지불하며 액티브 펀드를 샀는데, 때로는 패시브 펀드의 수익률이 더 높게 나타나기도 한다는 사실입니다. 이런 현상이 발생할 때마다 시중에는 「액티브 펀드가 패시브 펀드를 이기지 못하는 시대가 왔다」는 식의 비판적인 책이나 기사들이 쏟아져 나옵니다.

하지만 이러한 논쟁은 「액티브 펀드의 리스크가 패시브 펀드보다 높다」는 기본 전제를 간과하고 있습니다. 앞서 배웠듯 리스크가 높다는 것은 실제 수익이 기대 수익에서 벗어나는 변동 폭이 크다는 뜻입니다. 즉, 시장 수익률을 크게 밑도는 시기가 발생하는 것은 이론적으로 당연한 과정입니다. 따라서 액티브 펀드의 진가는 단기적인 성과가 아니라, 하나의 경기 사이클을 온전히 지나는 10년 이상의 장기적인 관점에서 평가해야 합니다.

액티브 펀드에 투자하려 한다면

우리 같은 개인 투자자들에게는 **액티브 펀드의 높은 리스크를**

감수하지 않더라도, 패시브 펀드의 안정적인 수익만으로 노후 자금 마련 등의 투자 목적을 충분히 달성할 수 있는 경우가 많습니다.

따라서 굳이 높은 보수를 지불하며 리스크가 큰 액티브 펀드를 고집할 필요는 없습니다. 특히 1%의 보수 차이는 장기적으로 볼 때 생각보다 큰 결과를 낳습니다. 예를 들어, 매월 5만 엔씩 25년간 적립식 투자를 하며 연평균 6%의 수익을 올린다고 가정할 때, 보수 1% 차이로 인해 발생하는 최종 자산의 격차는 약 500만 엔에 달합니다.

그럼에도 불구하고 액티브 펀드 중에는 매니저가 확고한 투자 철학을 바탕으로 독자적인 리서치를 통해 훌륭하게 운용하는 상품들이 있습니다. 특히 대형 금융그룹에 속하지 않은 「독립계 운용사」의 펀드들이 그런 경우가 많습니다.

만약 관심이 가는 좋은 펀드를 발견했다면, 우선 충분히 알아보는 것부터 시작하십시오. 운용사에서 주최하는 세미나나 설명회에 참석해 매니저의 투자 철학과 향후 전망을 직접 들어보는 것도 좋습니다. 그 결과 「이곳이라면 내 자금을 맡겨도 되겠다」는 확신이 든다면 그때 포트폴리오에 추가하십시오.

단, 액티브 펀드 투자는 최소한 패시브 펀드 운용을 3년 정도 경험한 후에 시작하시길 권합니다. 그래야만 시장의 흐름을 보는 안목이 생겨 펀드 선택의 실패를 줄일 수 있기 때문입니다.

또한 액티브 펀드를 사더라도 기존의 패시브 펀드를 팔아서는 안 됩니다. 어디까지나 기존 포트폴리오에 액티브 펀드를 조금씩 얹어준다는 느낌으로 접근해야 합니다. 이때 포트폴리오 전체의 수익-리스크 특성이 변하므로, 전체 리스크가 자신의 리스크 허용도를 넘지 않도록 비중 조절에 각별히 주의를 기울여야 합니다.

개별 종목 투자는 어떻게 해야 할까?

패시브 펀드에서 시작해 액티브 펀드까지 차근차근 단계를 밟아왔다면, 비로소 포트폴리오에 개별 종목을 담을(즉, 그만큼의 리스크를 감수할) 자격이 생겼다고 할 수 있습니다.

「투자 초보자인데, 일단 주식 한 종목을 사봤어요」라는 분들이 종종 있는데, 그것은 스키 초급도 안되는 사람이 갑자기 상급 코스로 가는 것과 같습니다.

이는 매우 위험한 생각이며, 처음부터 개별 종목 투자로 자산 형성을 할 수 있다는 생각조차 하지 않는 것이 좋습니다.

또한 최근 들어 투자 초보인데 바이너리 기법을 사용한 투자를 하는 사람들을 자주 보게 됩니다. 바이너리란 옵션을 구사한 투자 기법으로, 리스크가 매우 높으며, 실제로 그 기법으로 손해를 보고 다급히 저를 찾아오는 분들이 많습니다.

설령 주변에서 고수익의 유혹이 있더라도, 그것이 자신의 리스크 허용도에 비추어 정말로 감당할 수 있는 수준인지 스스로 따져볼 수 있어야 합니다. 그만한 「금융 이해력」을 먼저 갖추는 것이 무엇보다 중요합니다.

주식 외 자산군의 리스크도 파악하자

지금까지 주식이라는 자산군 내에서 리스크를 낮은 순서대로 단계를 살펴보았습니다. 이번에는 자산군별 리스크를 비교해 보겠습니다. 일반적으로 채권, 주식, REIT, 외환(FX) 순으로 리스크가 커집니다. 많은 분이 선호하는 FX(외환 차익 거래)는 주식보다 리스크가 훨씬 높으므로 각별한 주의가 필요합니다.

국내 주식, 외국 주식, 국내 채권, 외국 채권 네 가지는 GPIF(즉, 우리의 연금을 운용하는 가장 공적인 펀드)의 기본 포트폴리오이기도 합니다. 이 자산들은 서로 음의 상관관계에 있다는 사실이 통계적으로 증명되어 있습니다 (일시적으로 양의 상관관계가 될 때도 있지만요).

　따라서, 우선은 이 네 가지 자산군 (+ 금)을 더한 다섯 가지 자산군 안에서 배분 비율을 결정하고, 각 자산군을 패시브 펀드로 채워 포트폴리오를 구성하는 것부터 시작하십시오. 이것이 가장 안심할 수 있는 출발점입니다.

　그렇게 경험과 지식을 쌓아 리스크 허용도가 높아졌을 때, 비로소 각각의 자산군에 액티브 펀드를 추가해 보십시오. 이 단계를 따른다면 큰 흔들림 없이 자산 운용을 지속해 나갈 수 있을 것입니다.

　실제로 저의 고객 중 한 분은 이 방법으로 8년간 운용하여, 목표 수익률은 연 6%였음에도 자산이 30% 이상 불어난 사례가 있습니다(매월 적립한 금액 포함). 지난 5년 정도는 이례적인 상승장이었다는 점을 감안해야겠으나, 다음 항목에서 다룰「리밸런싱」을 포함해 **포트폴리오 관리를 철저히 한다면, 목표 수익을 달성하거나 그 이상의 연평균 수익을 확보하는 것은 충분히 가능한 일입니다.**

포트폴리오 매니지먼트를 계속하자

자신에게 최적화된 포트폴리오를 「기본 포트폴리오」라고 부르기로 합시다. 기본 포트폴리오는 한 번 결정하면 시장 상황에 따라 일희일비하며 변경하지 않는 것이 원칙입니다. 시장의 패러다임이 완전히 바뀌거나, 본인의 리스크 수용도가 변했을 때만 조정하며, 보통 한 번 설정하면 수년간 유지합니다.

하지만 기본 포트폴리오 운용을 시작하면 한 가지 문제에 직면합니다. 나에게 가장 적합한 리스크와 수익률을 고려해 정교하게 짜놓은 「자산 구성」과 「비중」이 바로 다음 날부터 변하기 시작한다는 점입니다. 시장은 끊임없이 움직이고, 포트폴리오에 담긴 자산들이 모두 같은 방향, 같은 속도로 움직이지 않기 때문입니다.

따라서 **정기적으로 자산 비중을 다시 원래의 기본 배분 비율로 되돌리는 작업이 필요**합니다. 이를 리밸런싱(Rebalancing)이라고 합니다. 리밸런싱을 얼마나 철저히 실천하느냐에 따라 투자의 성패가 갈립니다.

자산을 사두기만 하고 「방치」해서는 안 됩니다. 진정한 경제적 자유를 달성하기 위해 리밸런싱은 결코 피할 수 없는 핵심 과정입니다.

리밸런싱 실행 방법

리밸런싱의 기본 원칙은 간단합니다. 기본 배분 비율보다 비중이 늘어난 자산은 팔고, 비중이 줄어든 자산은 그만큼 더 매수하는 것입니다. 이때 가장 중요한 점은 본인의 판단을 배제하고, 미리 정해둔 규칙에 따라 기계적으로 실행하는 것입니다.

【리밸런싱 규칙】

① 빈도 (주기)

일정 기간(3개월 ~ 1년)마다 정기적으로 리밸런싱을 한다.

② 이격률 (비중 변화)

자산 비중이 기본 배분에서 3% 이상 벗어났을 때 실행합니다.

비중 변화를 기준으로 리밸런싱을 하려면, 매일 포트폴리오를 확인하며 비중이 3% 이상 차이 나지 않았는지 점검해야 하는 번거로움이 있습니다.

반면, 기간을 정해두고 리밸런싱을 하면 그 사이에는 정해진 금액을 매달 적립식으로 투자하기만 하면 됩니다. 관리의 편의성을 고려한다면 「주기(빈도)」를 기준으로 규칙을 세우는 것을 추천합니다.

권장하는 주기는 6개월입니다. 관리에 자신이 있다면 3개월, 조금 부담스럽다면 1년에 1회도 괜찮습니다. 투자의 본고장인 미국에서도 1년에 1회 이상 정기적으로 리밸런싱을 하는 개인 투자자는 전체의 7%에 불과하다고 합니다. 이 과정을 꾸준히 실천하는 것만으로도 여러분의 투자 성과는 눈에 띄게 향상될 것입니나..

시장 동향에 따른 탄력적인 비중 조절

리밸런싱의 기본 원칙은 매번 원래의 배분 비율로 되돌리는 것이지만, 때로는 향후 3~6개월 정도의 중단기 전망에 따라 특정 자산의 비중을 일시적으로 높이거나 낮추기도 합니다.

기본 배분보다 비중을 높이는 것을 오버웨이트(Overweight, 비중 확대), 적게 배분하는 것을 언더웨이트(Underweight, 비중 축소)라고 부릅니다.

예를 들어, 국내 주식의 기본 배분 비율이 25%라고 가정해 봅시다. 앞으로 6개월간 국내 주식 시장이 호조를 보일 것으로 예상되어 일시적으로 비중을 27%까지 높였다면, 이를 「국내 주식을 2% 오버웨이트했다」고 표현합니다. 반대로 그만큼 외국 주식의 비중을 2% 줄였다면 「외국 주식을 2% 언더웨이트했다」고 합니다.

만약 포트폴리오가 다섯 가지 자산군으로 구성되어 있다면, 어떤 자산을 오버웨이트하고 어떤 자산을 언더웨이트하느냐에 따라 전체 수익률은 크게 달라집니다. 특히 외국 주식의 절반 가까이는 미국 주식이 차지하므로, 향후 3~6개월 동안 국내 주식과 미국 주식 중 어느 쪽의 수익률이 더 높을지 판단하여 비중을 결정하는 전략이 필요합니다.

전략적으로 비중을 확대하고 축소하라

자산 배분을 결정하는 데에도 순서가 있습니다. 먼저 채권과 주식 및 실물 자산(금)의 큰 비중을 정한 뒤, 주식 내에서 국내와 해외의 비중을, 채권 내에서 국내와 해외의 비중을 세부적으로 결정합니다.

참고로 자산운용사 같은 전문 기관은 운용을 더욱 세밀하게 통제하기 위해 '국내와 해외'라는 이분법적 구분보다 더 구체적인 「국가별 배분(Country Allocation)」 전략을 사용합니다. 전 세계 국가별 투자 비중을 소수점 첫째 자리, 심지어 둘째 자리까지 치밀하게 결정하여 관리합니다. 단 0.01%의 차이로 수익률의 명암이 갈리기도 하기에, 운용사들은 이 배분 전략에 막대한 자원과 인력을 투입합니다.

하지만 개인 투자자가 국가별 배분까지 신경 쓸 필요는 없습니다. 처음에는 국가별로 정밀하게 나누는 것이 좋아 보일 수 있지만, 본업이 있는 개인이 24시간 내내 각국의 경제·성지 상황과 전망을 살피는 것은 현실적으로 불가능하기 때문입니다.

따라서 여러분은 우선 **기본 다섯 가지 자산군 내에서 정해진 규칙에 따라 리밸런싱을 수행하는 것만으로도 충분합니다. 리밸런싱만 제대로 해도, 패시브 펀드를 사두고 방치하는 것보다 훨씬 뛰어난 성과를 거둘 수 있습니다.**

투자에 익숙해진 상급자라면 다섯 가지 자산에 대한 오버웨이트(비중 확대)와 언더웨이트(비중 축소)에도 도전해 보시기 바랍니다. 이 단계에 이르면 세계 정세를 바라보는 시각 자체가 달라질 것입니다. 「다음 분기에는 어디를 얼마나 더 실을까?」를 고민하다 보면 자연스럽게 정보 수집에 진지해지고, 결과적으로 금융 이해력이 비약적으로 향상될 것입니다.

「패시브 펀드를 여러 개 샀다면 나머지는 방치해도 좋다」는 말을 자주 듣곤 합니다. 하지만 단순히 방치하는 것만으로는 장기적으로 안정적인 수익을 내는 것이 거의 불가능합니다. 포트폴리오 구축 후에도 꾸준히 리밸런싱을 하고, 경제 전망에 따라 때로는 전략적으로 비중을 조절하며 능동적으로 자산을 키워나갑시다.

마지막으로 제3장에서 경제적 자립에 필요한 목표 금액을 계산해 보았습니다. 이제 그 금액을 실제로 달성하기 위한 구체적인 실천 단계를 소개합니다.

1단계 : 쿠션 예금(Cushion Deposit)확보하기

쿠션 예금이란 투자를 지속할 수 있는 심리적 여유를 갖기 위해 반드시 필요한 자금입니다. 투자에 투입하지 않고 현금으로 보유하는 「3개월 치 월급 또는 생활비」를 말합니다. 아무리 본인의 리스크 수용도에 맞춰 포트폴리오를 짰더라도, 시장이 급락하면 마음이 흔들리기 마련입니다. 이때 3개월 치 현금이 있다는 사실만으로도 든든한 마음의 버팀목이 됩니다.

예를 들어 월 실수령액이 300만 원이라면, 900만 원을 쿠션 예금으로 먼저 확보하십시오. 자산 형성을 처음 시작하는 분이라면 매달 일정 금액을 저축해 900만 원이 될 때까지 모읍니다. 매월 30만 원씩 모은다면 약 2년 반이 걸리겠지요. 이 금액이 채워졌을 때 비로소 본격적인 적립식 투자를 시작하는 것입니다.

2단계 : 투자 시작과 자산 형성의 가속화

쿠션 예금이 마련되었다면 그다음 달부터는 매달 저축하던 30만 원을 투자에 투입합니다. 앞서 결정한 포트폴리오 배분 비율에 맞춰 각 자산군에 나누어 담으십시오.

이 방법의 장점은 뇌가 「투자를 시작했다」고 인식하지 않는다는 것입니다. 그저 매달 저금하던 30만 원의 송금처가 바뀌었을 뿐이기에, 뇌는 투자에 대한 공포를 느끼지 않습니다. 덕분에 투자를 막연히 두려워하던 분들도 순조롭게 첫발을 내디딜 수 있습니다.

여기서 투자를 더욱 가속화하는 비법이 있습니다. 지금 설정한 투자금 30만 원은 「현재」를 기준으로 마련할 수 있는 금액입니다. 나이가 들수록 수입은 점차 늘어날 것입니다. 그 수입의 증가 속도에 맞춰 투자금도 늘려야 합니다.

「한 달에 얼마를 투자하는 게 좋을까요?」라는 질문에 대한 저의 답은 「가능한 한 많이」입니다. 우선은 「실수령액의 최소 10%」를 추천합니다. 그리고 경제적 자립을 앞당기고 싶다면 다음과 같은 전략을 실행해 보십시오.

몇 개월에 한 번씩 「투자 금액을 몇 퍼센트 늘릴지」 미리 정하고 실행하는 것입니다. 3개월에 한 번 2%씩, 혹은 6개월에 한 번 3%씩 늘려가는 식입니다. 이 과정을 투자 금액이 실수령액의 50%가 될 때까지 계속합니다.

월급의 절반을 투자하는 게 힘들게 느껴질 수도 있습니다. 하지만 월 실수령액이 늘어날수록 투자 비중을 높이는 것은 충분히 가능한 일입니다. 만약 투자금을 더 이상 늘리기 어려운 한계에 부딪혔을 때, 이 방법은 진정한 위력을 발휘합니다.

우리 뇌는 「공백」을 싫어합니다. 「월급은 그대로인데 다음 달 투자금을 3% 더 늘리려면 어떻게 해야 할까?」라는 질문을 스스로 던지면, 뇌는 반드시 방법을 찾아냅니다. 지출을 줄일 아이디어를 내거나, 부업을 떠올리거나, 혹은 예상치 못한 임시 수입이 생기는 등 계획 달성을 돕는 일들이 일어나곤 합니다.

저는 이 기법을 「브레인 액티베이팅 시스템(BAS, Brain Activating System)」이라 이름 붙였습니다. 여러분도 오늘부터 BAS를 가동하겠다고 결심해 보십시오. 활성화된 뇌가 여러분의 자산을 키울 놀라운 아이디어를 제공해 줄 것입니다.

제 **9** 장

경제 및 금융 시장을
전망하기

'금리'의 기본 지식과 메커니즘

포트폴리오 관리를 통해 자산을 더 효과적으로 불려 나가려면, 과거의 실적 데이터에 기반한 「정량 분석」뿐만 아니라 「정성 분석」 역량이 반드시 필요합니다.

앞서 설명해 드린 것처럼, 정성 분석이란 세계 경제의 흐름과 금융 시장의 전망, 기업의 동향 등 향후 자산 가격에 영향을 미칠 수 있는 다양한 변수들을 종합적으로 고려하는 것을 말합니다.

이번 장에서는 경제와 금융 시장을 전망할 때 「이것만은 반드시 알아야 할」 핵심 포인트들을 정리해 드립니다. 이 기초 지식들은 투자 초보자 여러분이 앞으로 금융 이해력을 높여가는 데 든든한 밑거름이 되어줄 것입니다.

투자 세계에서 말하는 '금리'란 무엇인가?

우리는 매일 뉴스에서 「금리」라는 말을 접합니다. 보통 금리라고 하면 돈을 빌릴 때 내는 이자나, 은행에 돈을 맡겼을 때 받는 이자를 떠올리곤 합니다. 쉽게 말해 「자금을 빌려주고 빌릴 때 지불하는 임대료」와 같은 개념입니다.

하지만 투자 세계에서 단순히 금리라고 하면 정책 금리, 단기 금리, 장기 금리 등 그 종류가 매우 다양합니다. 그중에서도 대개는 「국채 수익률」을 가리킵니다. 국채는 돈을 돌려받기까지의 기간(만기)이 다양하게 설정되어 있는데, 별다른 언급이 없다면 보통 장기 금리를 의미합니다.

여기서 장기 금리란 「10년 만기 국채 수익률」을 뜻합니다. 뉴스에서 「금리가 올랐다 혹은 내렸다」라고 하는 것은 곧 「10년 만기 국채의 수익률이 변했다」는 의미입니다.

중요한 점은 수익률의 등락은 곧 국채 가격의 등락을 의미한다는 것입니다. 주식의 가치는 「주가」라는 숫자로 표현되지만, 채권의 가치는 가격 그 자체보다 금리(수익률)로 표현되는 경우가 많기 때문입니다.

이제 본격적으로 많은 투자자가 어려워하는 채권 가격과 금리의 상관관계를 확실히 이해해 봅시다.

채권 가격과 금리의 관계

채권은 상환 금액이 미리 정해져 있다는 점에서 주식과 근본적으로 다릅니다. 만기까지 보유한다면, 발행 주체에 문제가 생기지 않는 한 어떤 상황에서도 약속된 상환 금액을 반드시 받을 수 있습니다. 이러한 특성 때문에 국채와 같은 채권을 「안전 자산」 또는 「무위험 자산」이라고 부릅니다.

상환 금액이 고정되어 있으므로, 유통 시장에서 채권을 저렴하게 살수록 상환 시까지의 수익률, 즉 금리는 높아지게 됩니다. 반대로 유통 시장에서 채권을 비싸게 산다면 상환 시까지의 금리는 낮아지게 됩니다.

결국 상환까지의 수익률이 곧 금리를 의미하므로, 채권 시장에서 「금리가 올랐다 = 채권 가격이 내렸다」, **「금리가 내렸다 = 채권 가격이 올랐다」**는 공식이 성립하는 것입니다.

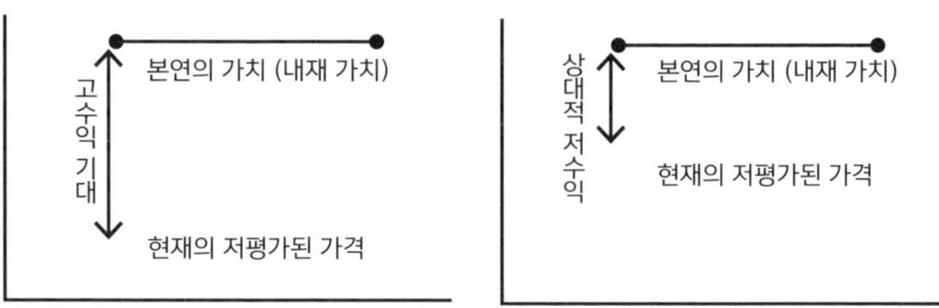

장기 금리·단기 금리·정책 금리

금리는 기간에 따라 크게 장기 금리와 단기 금리로 나뉩니다.

보통 단기 금리는 상환 기간이 3년 이하인 국채 수익률을 가리키며, 5년이나 7년 만기 채권은 중기채라고 부릅니다.

단기 금리 중에는 정책 금리라고 불리는 핵심 금리가 있습니다. 정책 금리란 중앙은행이 설정하고 관리하는 기준 금리를 말합니다. 구체적으로는 오버나이트 무담보 콜금리 익일물의 금리 유도 목표를 뜻합니다.

이 금리는 중앙은행인 일본은행이 민간 은행에 대출을 해줄 때나, 금융 기관끼리 단 하루(오버나이트) 동안 자금을 빌리고 빌려줄 때 적용됩니다.

중앙은행은 물가와 고용 안정을 위해 존재하는 기관이며, 일본에서는 일본은행(BOJ)이 이 역할을 담당합니다. 일본은행은 정책 금리를 올리거나 내려서 시장에 풀리는 돈의 양을 통제하는데, 이를 금융 정책이라고 부릅니다.

일반적으로 경제가 침체될 기미가 보이면 금리를 내려 경기를 부양하고, 경제가 과열될 기미가 보이면 금리를 올려 과열을 억제합니다. 이러한 정책 금리의 변경은 민간 은행의 예금 및 대출 금리는 물론, 채권 시장에서 결정되는 단기·중기·장기 금리 등 경제 전반의 다양한 금리에 영향을 미칩니다.

금리가 의미하는 것

금리는 더 전문적인 관점에서 다음과 같이 표현할 수 있습니다.

**10년 만기 국채 수익률 ≒ 향후 10년 동안 예상되는
명목 GDP 성장률**

명목 GDP 성장률에는 해당 기간에 기대되는 인플레이션율이 내포되어 있습니다. 명목 성장률에서 기대 인플레이션율을 뺀 것을 실질 GDP 성장률이라고 부릅니다. 이를 수식으로 정리하면 다음과 같습니다.

**10년 만기 국채 수익률 ≒ 향후 10년의 명목 GDP 성장률 =
기대 인플레이션율 + 실질 GDP 성장률**

즉, 채권 유통 시장에서 결정되는 국채의 수익률은 장래 그 기간의 실질 GDP 성장률 예측과 기대 인플레이션율을 반영하고 있는 것입니다.

금리는 그 나라의 신용도를 보여준다고 할 수 있습니다. 국가 신용도가 떨어지면 투자자는 안심하고 돈을 투자할 수 없습니다. 하지만 디폴트(파산) 리스크에 걸맞은 높은 수익이 보장된다면 투자를 고려할 수도 있습니다. 그렇기 때문에 신용도가 높은 나라의 국채 수익률은 낮아지고, 신용도가 낮은 나라의 국채 수익률은 높아지는 것입니다.

참고로 국채는 「기본적으로」 디폴트가 없기 때문에 안전 자산이라고 불리지만, 현실적으로는 국가도 기업과 마찬가지로 파산할 수 있습니다. 이는 국채의 상환이 불가능해신 상내를 가리키며, 국가의 디폴트로 간주됩니다.

명목 금리와 실질 금리

10년 만기 국채 수익률을 명목 금리라고 부르며, 여기서 기대 인플레이션율을 뺀 것을 실질 금리라고 부릅니다. 이는 앞서 살펴본 명목 GDP 성장률에서 기대 인플레이션율을 뺀 값이 실질 GDP 성장률이 되는 것과 같은 이치입니다.

예를 들어, 100만 엔 정기 예금의 명목 금리가 10%이고 인플레이션율이 10%라고 가정해 봅시다. 은행에 맡긴 100만 엔의 가치는 다음 해에 110만 엔이 되지만, 인플레이션으로 인해 기존에 100만 엔으로 살 수 있었던 물건들의 가격도 110만 엔으로 오르게 됩니다. 결과적으로 실질 금리는 제로(0)가 되는 것입니다.

인플레이션이란 돈의 가치가 하락하는 것을 의미합니다. 지금까지 100만 엔으로 살 수 있었던 것을 110만 엔을 내야 살 수 있게 되었다는 것은, 1엔이라는 돈의 가치가 그만큼 떨어졌다는 뜻입니다. 이자를 받더라도 그와 같은 비율로 돈의 가치가 하락한다면, 이자를 받지 않은 것과 다를 바 없습니다. 그렇기 때문에 우리는 표면적인 명목 금리뿐만 아니라 실질 금리에도 반드시 주의를 기울여야 합니다.

인플레이션율이 결정되는 메커니즘을 알아보자

제가 이 책을 집필하고 있는 2024년 2월 현재, 세계는 인플레이션율이 높아지는 국면에 있습니다. 인플레이션율이 이 정도로 상승한 것은 1970년대 이후 약 50년 만의 일입니다. 인플레이션율이 상승하는 배경에 어떤 요인들이 있는지 대략적으로 이해해 두면, 향후 세계 경제의 전망을 파악하기가 한결 쉬워집니다.

● 금리 인하가 경제 활동과 인플레이션율에 미치는 영향

※ 금리 저하 = 금리 인하

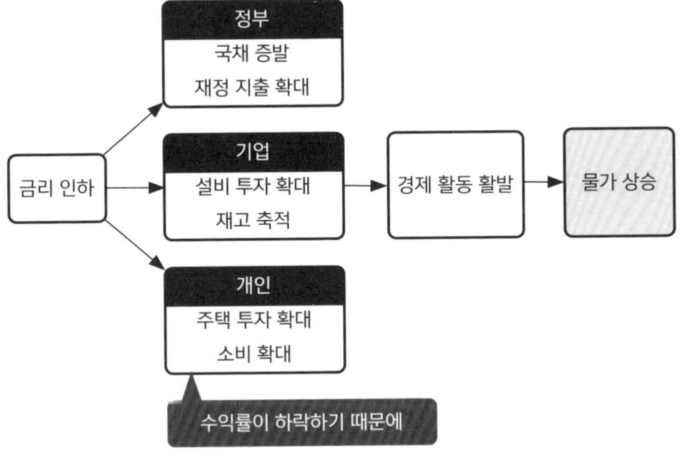

인플레이션율이 상승하는 요인

1. 통화 공급량의 증대

정부가 금융 완화 정책을 통해 시장에 풀리는 통화의 양을 늘리면 인플레이션율은 상승합니다. 통화의 양이 증가한다는 것은, 생산되는 물건의 수(공급량)가 동일하다고 가정할 때 그 물건들에 할당되는 금액이 많아진다는 뜻이기 때문입니다. 즉, 단순히 늘어난 통화량만큼 물건의 가격이 오르게 됩니다.

통화 공급량을 조절하는 것은 중앙은행의 역할입니다. 중앙

은행은 금융 정책을 통해 금리를 올리거나 내려서 시중의 통화량을 통제합니다. 2008년 리먼 브라더스 사태 이후 많은 국가가 오랫동안 양적 완화 정책을 시행해 왔기에, 전 세계적으로 통화 공급량이 매우 풍부한 상태가 유지되었습니다.

이러한 상황에서 우크라이나 전쟁으로 인한 원유 가격 상승, 그리고 코로나19로 인해 세계의 공장이라 불리던 중국 경제가 위축되며 물건 공급이 줄어든 점, 이 두 가지 요인이 맞물려 물가 상승을 촉발했습니다. 시중에 돈이 이미 많이 풀려 있던 상태에서 원재료 가격 상승과 공급망 차질이 더해지며 인플레이션율이 급격히 높아진 것입니다.

2. 강한 수요

통화 공급량과는 별개로, 물건을 사려는 사람이 늘어나는 것만으로도 가격은 오릅니다. 이는 주로 경제가 성장하는 과정에서 발생하기에 좋은 인플레이션이라고 불리기도 합니다. 실제 인플레이션 자체에 좋고 나쁨이 있는 것은 아니지만, 수요가 강력하고 경제가 견조하다는 증거이기에 경제에 긍정적이라는 의미로 사용됩니다.

3. 공급 감퇴 (오일 쇼크 등)

반대로 물건이 부족해지면서 가격이 오르고 인플레이션율이 높아지는 경우도 있습니다. 이는 경제 성장이 뒷받침되지 않은 상태에서 물가만 오르는 것이기에 오히려 나쁜 인플레이션이라고 할 수 있습니다.

● 금리 인상이 경제 활동과 인플레이션율에 미치는 영향

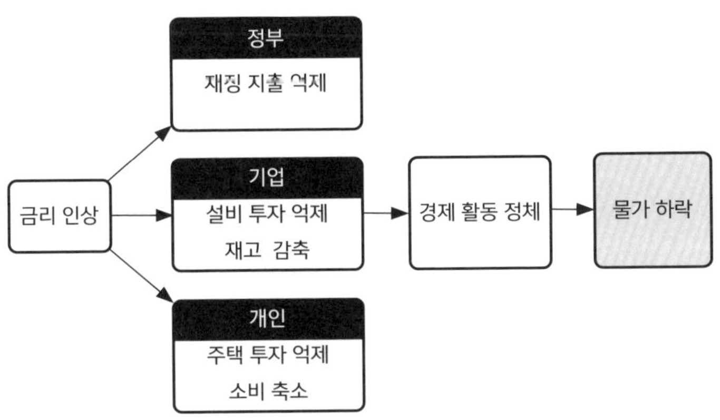

인플레이션율이 하락하는 요인

1. 통화 공급량의 감소

인플레이션 상승 요인과는 반대로, 통화 공급량을 줄이면 인

플레이션율은 하락합니다. 같은 수의 물건에 대해 시중의 돈이 적어지면, 필연적으로 물건 하나에 할당되는 돈의 양이 줄어들게 됩니다. 즉, 물건의 가격이 하락하게 되는 원리입니다.

2. 약한 수요

인플레이션율이 상승하는 경우와는 반대로, 경제가 부진하여 소비 심리가 위축될 때는 물건의 가격이 하락합니다. 사려는 사람이 줄어들면 판매자는 가격을 낮출 수밖에 없기 때문입니다.

3. 원유 가격 등의 하락

원유나 원자재 가격이 떨어지면 이를 바탕으로 제조하는 화학 제품 등의 매입 가격이 하락하며, 결과적으로 최종 물건의 가격도 그에 비례하여 하락하게 됩니다.

4. 공급량의 확대 (중국, 신흥국 등)

시장에서 판매되는 물건의 양 자체가 증가하면 가격은 하락하고 인플레이션율도 낮아집니다. 과거 중국이나 신흥국들이 저렴한 비용으로 물건을 대량 생산하여 전 세계에 공급했던 것이 대표적인 사례입니다.

5. 금융 위기 등

갑작스러운 금융 위기나 경제적 충격이 발생했을 때, 자산 가치가 급락하고 소비가 얼어붙으면서 일시적으로 물건 가격이 하락하는 경우가 있습니다.

경제 및 금융 시장 전망을 세우자

지금 가장 중요하게 파악해야 할 것은 금융 정책

2008년 리먼 브라더스 사태 이후, 금융 정책이 경제에 미치는 영향이 매우 커지고 있습니다. 중앙은행이 「금리를 어떻게 할 것인지」 「양적 완화를 어떻게 할 것인지」 등의 동향이 주식 시장에 큰 영향을 미치기 때문입니다. 금융 정책이란 중앙은행이 수행하는 「돈의 양」을 통제하는 정책을 말합니다. 크게 「금융 완화 정책」과 「금융 긴축(혹은 통화 긴축) 정책」 두 가지 종류가 있습니다.

【금융 완화 정책】

경제 활동을 활성화하기 위해 시장에 풀리는 「돈의 양」을 늘리기 위한 정책입니다.

- **금리 정책 (금리 인하)**

정책 금리를 낮춰서 시장에 풀리는 돈의 양을 늘립니다.

▪ 양적 완화 정책

정책 금리가 이미 제로(0)인 경우, 중앙은행이 국채를 매입합니다. 매입 대금이 은행을 통해 시장으로 유입되면서 시장에 풀리는 「돈의 양」을 직접적으로 늘리는 효과가 있습니다.

【금융 긴축 정책】

경제 활동에 의도적으로 찬물을 끼얹어, 시장에 풀리는 「돈의 양」을 줄이기 위한 정책입니다.

▪ 금리 정책 (금리 인상)

정책 금리를 올려서 시장에 풀리는 돈의 양을 줄입니다.

▪ 양적 완화 정책 축소

중앙은행이 국채 매입량을 줄이면, 은행을 통해 시장으로 유입되는 매입 대금이 줄어들면서 시장에 풀리는 돈의 양을 직접적으로 줄이는 효과가 있습니다.

이러한 기본 사항들을 숙지한 후에, 경제 및 금융 시장의 전망을 어떻게 세울지 살펴보겠습니다.

금융 시장과 경제의 연결고리를 파악하는 방법

원래는 기업 실적이 향상되고 경제가 성장할 때 주가가 상승합니다. 그러나 현재는 주식 시장에서 주가가 상승하면 그 주가 상승에 반응하여 실물 경제도 성장하는 역현상이 일어나고 있습니다.

따라서 경제 상황의 전망을 세우기 위해서는 금융 시장(주식)이 앞으로 어떻게 될지를 파악할 필요가 있습니다. 반대로도 마찬가지로, 금융 시장이 앞으로 어떻게 될지를 파악하기 위해서는 경제 상황의 전망을 세울 필요가 있습니다.

주식의 향후 움직임을 파악하기 위해 사용할 수 있는 지표 중 하나는 현재 주가의 타당성(저평가인지 고평가인지)입니다. 기업의 본질적 가치에 대한 주가의 타당성(밸류에이션)을 나타내는 대표적인 지표들은 다음과 같습니다.

- PER (주가/주당 순이익) : 회사의 이익 대비 주가의 비율
- PBR (주가/주당 순자산) : 회사의 자산 대비 주가의 비율
- 배당 수익률 (주당 연간 배당 금액 / 1주 구매 가격)

【주가 전망을 하는 3가지 단계】

① 현재 시점의 상황을 파악한다

주가는 나날이 변동합니다. 향후 전망을 세우기 위해서는 먼저 「현재 상황은 어떤 요인에서 비롯된 것인가?」를 파악해야 합니다.

② 흐름(트렌드)을 포착한다

트렌드 요인 때문에 상승하고 있는지, 혹은 하락하고 있는지를 포착하는 것이 중요합니다.

③ 그 트렌드가 지속될지 판단한다

전제로, 현재 트렌드가 지속되기 위한 조건은 무엇인지, 그리고 어떤 트리거(계기)가 있을 때 트렌드가 변화할 것인지, 그 트리거가 언제 어떤 조건 하에서 발동할 것인지를 알아둘 필요가 있습니다.

세계 경제를 전망한다

【세계 경제를 전망하는 3 단계】

① 세계를 미국, 유럽, 일본, 신흥국 네 가지 국가/지역으로 나눈다.

② 각각의 국가/지역 경제를 분석하고, 성장을 전망한다.

③ 연결고리로부터 전체 트렌드를 포착한다 (각 지역을 전망하

고, 각 지역의 연결고리를 고려하여 세계 전체의 구조가 어떻게 될지

를 생각한다).

②와 ③을 실행하려면 프레임워크를 사용하면 구조를 파악

하기 쉬워집니다.

【국가/지역 경제 분석과 3가지 프레임워크】

▪ 거시 경제(Macro Economy)의 성장을 전망한다.

▪ 미시 경제(Micro Economy, 기업)의 성장을 전망한다.

▪ 개인의 동향을 전망한다.

경제 분석 전반에 관해서는 그것만으로 한 권의 책을 쓸 수

있을 만큼 정보량이 방대하므로 여기서는 생략하겠습니다. 본

장에서는 거시 경제 전망을 세울 때 파악해야 할 항목만을 나열

하겠습니다. 다음 요소들을 보는 것이 기본입니다.

▪ GDP 성장률 예측

▪ 금융 정책

▪ 재정 정책

▪ 인플레이션 전망 (실질 임금 상승률)

▪ 개인 소비와 설비 투자

상황에 따라 요인은 달라지므로 일률적으로 말할 수는 없지만, 기본적으로는 이 요소들을 체크하고 종합적으로 판단해 나갑니다.

【연결고리로부터 전체 트렌드를 포착하는 프레임워크】

네 지역을 전망한다면, 각 지역의 연결고리를 고려하여 세계 전체의 구조적 상황이 어떻게 되는지 파악합니다. 이때 다음 사항에 유의합니다.

▪ 무엇이 무엇에 영향을 미치고 있는가

예를 들어 유가 하락이 발생하면, 어느 나라의 어느 섹터(산업)가 타격을 입고, 어느 나라의 어느 섹터가 이익을 얻는지, 누가 어떻게 이익을 얻는지의 시각으로 생각합니다.

각 지역에서 일어나는 현상이 어느 지역의 어느 산업에 영향을 미치는지 알고 있다면, 뉴스를 읽었을 때 「이것이 이렇게 되면, 이것이 이렇게 되어……」라고 세계 전체나 시장에 미치는 영향을 곧바로 머릿속으로 그려낼 수 있게 됩니다.

한 지역의 뉴스를 읽었을 때 「어, 그렇구나」로 끝낼 것인지, 「그 영향은 어떨까?」라고 머릿속으로 그려낼 수 있을 것인지가 금융 이해력 및 정보 이해력의 높이를 결정하는 핵심이 됩니다.

▪ 자원국, 생산국, 수출국의 관계성

같은 이유로, 어느 나라가 어떤 자원을 생산하고, 그 자원을 어느 나라가 어떻게 사용하고 있는지 등의 관계성을 보는 것도 중요합니다.

예를 들어 미국은 중동 산유국으로부터 석유를 수입해 온 역사가 있어, 원유 가격의 동향이 미국 경제에 큰 영향을 미쳤습니다. 그러나 최근 셰일가스가 자국에서 발굴되어 자급자족이 가능해짐으로써 중동, OPEC의 영향이 줄어들었습니다.

그 결과, 미국이 중동으로부터 군대 일부를 철수시키고 싶어 하는 연결고리가 보입니다. 또한 바이든 행정부가 들어선 이후 셰일가스 생산이 온난화 대책으로 억제되었기 때문에 중동 정세와 원유 공급량은 다시 미국 경제에 영향을 미치기 시작했습니다.

이처럼 최근에는 정치 동향도 경제나 시장에 큰 영향을 미치는 요인으로서 이전보다 중요도가 높아지고 있습니다.

▪ 공급망(Supply Chain)의 연결고리

현재 중국이 전 세계 공급망에 편입되어 있기 때문에, 중국 경제의 움직임이 세계 경제에 미치는 영향이 커지고 있습니다. 영향 범위는 그 산업에 따라 달라집니다. 원재료나 제조 프로세스 등 중간 단계를 차지하는 산업도 있고, 최종 단계에 관련된 산업도 있습니다. 이처럼 제조업이나 서비스업 등이 중국과 어느 정도 관련되어 있는지를 알고 있으면 전체 전망의 정확도가 높아집니다.

▪ 스마트 머니(Smart Money)의 움직임

재벌 대상의 자산가나 전문 투자자들이 움직이는 돈의 흐름을 말합니다. 스마트 머니는 방대한 자금을 다루기 때문에 그들의 움직임이 주가에 큰 영향을 미칩니다. 시장에서는 일반 대중보다 정보를 빨리 입수한 스마트 머니의 움직임이 선행하여 주가 움직임이 형성되고, 개인 투자자는 추종자가 되어 후행할 수밖에 없는 상황이 됩니다. 버블 붕괴 시 등에 손해를 입는 일도 자주 발생합니다. 개인 투자자인 우리에게는 「타이밍을 재는 투자」가 불리하다고 말씀드렸는데, 이것이 그 이유 중 하나입니다.

여기서는 경제 전망을 위한 간단한 프레임워크에 대해 알려 드렸습니다. 금융 시장 전망에 대해서는 기초 지식만을 전달해 드렸지만, 실제 전망을 위해서는 증권 분석에 대한 지식도 필요합니다. 투자 초보자에게는 당장 필요하지 않지만, 포트폴리오 관리를 통해 경제적 자립을 달성하는 데는 빼놓을 수 없는 지식입니다. 투자 경험을 쌓아감에 따라 조금씩 익혀 나가도록 합시다.

절대 하면 안 되는
투자의 함정

마지막장에서는 「실패하는 투자」에 대해 알려드리겠습니다. 어떤 행동을 하면 실패하게 되는지 알아두면 성공할 확률을 높일 수 있을 것입니다.

소개할 13가지 함정에 빠지지 않도록 주의하세요.

함정 1 차트(Chart)를 보고 투자하는 것

차트는 테크니컬 분석(기술적 분석)이라는 과거 주가의 움직임을 토대로 미래 주가의 움직임을 예측하는 트레이딩 기법에서 사용됩니다. 트레이더는 매매 타이밍을 잡아 차익을 실현하므로 타이밍이 생명입니다.

하지만 투자는 형태를 바꾸어 그 대상의 가치를 높이는 행위입니다. 결코 「차익을 얻는 것」이 아닙니다. 따라서 트레이딩은 투자가 아닙니다.

투자는 투자하는 회사의 사업에 자신의 돈을 사용하게 하고, 그 회사가 올린 수익의 일부를 출자금에 대한 수익(배당금)으로 분배받는 것입니다. 또한 그 사업의 결과로 시장에서 높아진 회사의 가치를 자본 이득(Capital Gain, 주가 상승분)으로 받는 것입니다.

따라서 투자에는 회사의 수익성, 성장성, 안전성, 그리고 이들에 영향을 미치는 경제적 환경이 앞으로 어떻게 될 것인지와 같은, 차트로는 알 수 없는 정성적인 기업 정보 분석이 필요합니다. 더불어 이러한 요소들에 비해 현재 주가가 적절한지에 대한 분석도 병행되어야 합니다. 당신이 진정한 의미로 「투자」를 하고 싶고 자산 형성을 하고 싶다면, 저는 트레이딩으로부터 거리를 두라고 말씀드리고 싶습니다.

함정 ② 오를 것 같은 것을 구매하는 것

「오를 것 같은 펀드나 종목」을 찾는다는 것은 수익만을 기준으로 선택하고 있다는 의미입니다. 리스크가 관리되고 있지 않으므로, 예상치 못한 손실을 입을 가능성이 높은 투자를 하게 됩니다.

또한 「앞으로 오를 것 같다」는 펀드나 종목들만 골라 만든 포트폴리오는 시장 상황에 따라 모든 종목이 똑같이 움직이게 됩니다. 자산 간에 「음의 상관관계」를 고려한 조합이 되어 있지 않기 때문입니다.

음의 상관관계가 있는 조합을 만들기 위해서는, 앞으로 오를 것 같은 종목과 (상대적으로) 내릴 것 같은 종목을 모두 포함하여 배분해야 합니다. 수익률에만 매몰되어 리스크 점검을 소홀히 하고 있지는 않은지 확인한 후에 투자를 결정하는 것이 중요합니다.

함정 3 높은 수익을 얻기 위해 높은 리스크를 감수하는 것

이것은 상급자들이 빠지기 쉬운 함정입니다. 「높은 수익을 얻기 위해서는 무조건 리스크를 높게 감수해야 한다」고 착각하는 분들이 있습니다.

확실히 리스크와 수익은 양의 상관관계에 있으므로, 단기간에 높은 수익을 얻으려면 높은 리스크를 감수할 필요가 있습니다. 그러나 높은 리스크를 감수했다고 해서 반드시 높은 수익이 보장되는 것은 아닙니다.

높은 리스크를 감수한다는 것은 기대보다 높은 수익이 나올 가능성이 높다는 의미이지만, 기대보다 낮은 수익이 나올 가능성 역시 높아진다는 뜻입니다. 경우에 따라서는 원금 손실을 보거나 큰 손실을 입을 수도 있습니다.

투자 초기 단계에 큰 손실을 겪게 되면, 원래 금액으로 되돌리는 데 장기간이 소요되어 매우 불리한 상황에 놓이게 됩니다. 또한 원금이 줄어들기 때문에 복리 효과도 반감됩니다.

투자의 목적이 나이가 들면서 자산을 늘리는 데 있다면, 자산 운용도 장기적으로 생각해야 합니다. 첫 몇 년은 안전하게 시작하여, 조금씩 리스크와 기대 수익을 늘려가는 것이 현명합니다.

자산을 가장 빠르게 늘리기 위해서는 오히려 처음 6~7년은 높은 수익을 목표로 하지 않는 것이 좋습니다. 리스크를 제한하며 손실 리스크를 억제하고, 「복리 효과」를 극대회하는 것을 목표로 하는 것이 자산 형성의 지름길입니다.

함정 4 투자 신탁을 많이 사두는 것

투자 신탁에는 매우 많은 종류가 있습니다. 여러 개의 투자 신탁을 보유함으로써 리스크 분산 효과를 기대할 수 있지만, 앞서 언급했듯이 단순히 개수가 많다고 해서 리스크 분산이 제대로 이루어지는 것은 아닙니다.

예를 들어, 「앞으로 경기가 회복될 테니, 오를 것 같은 펀드를 사자」라는 시각으로 여러 개를 선택한다면, 자산들이 모두 양의 상관관계로만 채워지게 됩니다. 이는 진정한 분산 효과를 기대할 수 없는 구조입니다. 분산 효과는 자산들이「음의 상관관계」에 있을 때 비로소 발휘되기 때문입니다. 분산이 잘 된 포트폴리오를 구축하면, 주식 시장이 30% 하락할 때도 자신의 포트폴리오는 3% 하락에 그치는 사례가 적지 않습니다.

또한 전 세계 주식 지수에 연동하는 펀드를 보유하면서 동시에 미국이나 일본에 투자하는 개별 펀드를 중복해서 가지고 있는 경우도 많습니다. 전 세계 투자 펀드 안에는 이미 미국과 일본 시장이 포함되어 있으므로, 결과적으로 같은 대상을 중복해서 구매하는 셈이 됩니다.

「중복되면 뭐가 나쁜가」라고 묻는 분들이 있다면, 이는 포트폴리오 매니지먼트를 정확하게 이해하지 못했기 때문에 나오는 생각입니다. 포트폴리오 수익은「조합」과「배분」에 달려 있으며, 리밸런싱을 통해 의도한 배분을 유지하는 것이 핵심입니다. 하지만 투자 대상이 중복되면 이러한 관리가 불가능해집니다.

전 세계 주식 지수 펀드 내부의 배분 비율은 매일 변합니다. 닛케이 평균이나 S&P 500의 가격도 매일 바뀝니다. 이 모든 펀드를 추적하여 합계를 내고, 현재 내 자산이 미국과 일본에 각각 얼마만큼 배분되어 있는지 매 순간 파악하는 것은 굉장히 어려운 일입니다. 이를 추적하지 못하면 포트폴리오의 배분 비율이 의도와 달라져 본인의 「리스크 허용도」를 초과할 가능성이 높습니다.

포트폴리오 매니지먼트는 통제 불능 상태가 되면 실패합니다. 항상 무엇에 얼마만큼 배분하고 있는지 정확히 파악하고 조정해 나가는 것이 투자의 성공을 가져옵니다.

함정 5 수익을 높이기 위해 자주 매매 하는 것

투자에는 목적이 있으며, 그 목적에 따라 최적의 방법이 달라집니다. 목적과 방법이 일치하는지 여부도 투자를 성공시키기 위한 필수 요소입니다. 개인 투자자 여러분이 투자를 하는 목적은 당장 3개월의 투자 성적을 올리는 것이 아니라, 노후에 패시브 수익으로 행복하게 살아가기, 즉 「경제적 자립」을 달성하는 것일 것입니다. 목표 기간을 단축하고 싶은 분일지라도, 단기간의 성적을 올리는 것 자체가 최종 목적은 아닐 것입니다.

시장 변동이 있을 때마다 매매를 반복하면, 그때마다 수수료나 세금 등의 비용이 발생하여 수익을 훼손하기 때문에 장기적인 자산 형성에 불리합니다. 또한, 시장이 하락할 때 당황해서 팔아버리거나 계속 상승할 때 황급히 사버리는 투자 행동 역시 매매 횟수를 늘립니다. 조급함이라는 감정에 맡겨 매매하는 것 자체가 바람직하지 않지만, 그로 인해 불필요한 매매가 늘어나면 자산 구축은 더욱 지연됩니다. 매매 수수료가 발생하며 현금화하는 시점에서 「복리 효과」를 누릴 수 없게 되고, 플러스 수익이 발생했다면 세금도 부과됩니다.

시장은 우상향으로 일직선으로 나아가지 않습니다. 과매도와 과매수를 반복하지만, 지난 20년간 꾸준히 연평균 6~8%의 속도로 성장해 왔습니다. 단기적인 시장 변동에서 수익을 얻으려 하지 않더라도, 적립식으로 꾸준히 매수해 나간다면 분명 좋은 결과를 얻을 수 있습니다. 이를 위해서는 매매 횟수를 최대한 줄이는 것이 중요합니다. 매월 적립식으로 꾸준히 추가 매수하고, 절대로 팔지 않는 것. 그것이 가장 빠르게 자산을 구축하는 방법입니다.

함정 ❻ 유행하는 테마에 편승하는 것

유행하는 테마란 태양광 발전, 재생 에너지, 환경, 우주 관련이나 최근의 AI, NFT, 반도체 등일 것입니다. 이러한 새로운 테마에 관심을 갖는 분들은 특히 주의해야 합니다. 비즈니스에서는 「선점자 이익」이라는 것이 있지만, 투자에 한해서는 선점자 이익이 별로 없습니다. 능력 있는 경영자들이 투자에서 잇따라 큰 실패를 겪는 이유는 사업 투자에서와 마찬가지로 금융 투자 역시 직감에 의존하여 새로운 것에 곧바로 투자해 버리기 때문입니다.

투자에는 세련된 전략이 필요합니다. 거창하게 등장했던 신상품이 몇 년 후 급속히 위축되는 사례는 흔합니다. 새로운 투자처가 등장했을 때 긍정적인 측면에만 이끌려 정체가 파악되지 않은 상태에서 뛰어들면 손해를 볼 위험이 있습니다. 가상 화폐나 태양광 발전 등이 그러했듯, 「왠지 오를 것 같다」는 이유만으로 매수하는 사람들은 어떤 계기로 가격이 하락하면 일제히 빠져나갑니다. 유행하는 종목은 하락할 때 예고 없이 급락하는 법입니다.

유행하는 테마는 정체가 명확히 밝혀지거나 시세가 안정되어 데이터가 충분히 갖추어진 후 객관적으로 분석하고 참여해도 늦지 않습니다. 여기서 「수익을 누리지 못했다」고 생각한다면, 그것은 지금 당장 수익을 얻고 싶다는 뇌가 「편도체」 우위에 있다는 증거입니다. 투자는 편도체 우위의 상태로 진행하면 실패합니다. 제4장을 다시 읽고, 「소비하는 뇌」에서 「투자하는 뇌」로 전환하십시오.

그래도 초기 상승에 걸고 싶다면 「코어-위성(Core-Satellite) 전략」을 추천합니다. 「코어(Core)」 부분에서는 리스크 허용도 내에서 안정된 수익을 목표로 하고, 「위성」 부분에서 리스크 허용도를 초과하는 대상에 투자를 하는 방식입니다. 위성 부분의 배분은 5% 이하로 작게 유지하십시오.

함정 7 국내를 투자 대상에서 제외하는 것

최근 몇 년 동안 일본을 투자 대상에서 제외하는 분들이 매우 많습니다. 저출산 고령화와 노동 인구 감소라는 인구 통계학적 이유 때문입니다.

특히 해외 투자 펀드를 판매하거나 중개하는 분들이 「빨리 자산을 달러로 옮기지 않으면 일본 엔화는 휴지 조각이 된다」며 부추깁니다.

이러한 생각은 다른 요소를 전혀 고려하지 않은 것입니다. 예를 들어, 현재 일본의 기술 중에는 글로벌 기득권층의 논리에 가려져 그 가치를 온전히 인정받지 못한 기술들이 숨어 있습니다. 급변하는 세계 질서 속에서 이 기술들이 재조명받을 시점이 머지않았음에도, 안타깝게도 현재의 자산 시장은 이러한 잠재적 가치를 간과하고 있습니다

또한, 2024년 2월 현재 선진국의 중앙은행들은 인플레이션과 경기 침체 우려 사이에서 미묘한 방향타 조정을 강요받고 있으며, 금리 인상 국면에 종지부가 찍힌 것으로 보입니다. 미국에서 중앙은행 역할을 하는 Fed(연방준비제도)는 2024년에도 정책 금리는 높은 수준에서 유지될 필요가 있다는 성명을 발표했습니다. 유럽도 같은 상황입니다. 이러한 가운데, 일본은 선진국 중에서 유일하게 양적 완화 정책을 유지하고 있으며, 그 효과를 누리고 있는 나라입니다.

더욱이, 지금까지 세계 투자자들로부터 외면받았던 덕분에 일본 주식의 다수는 여전히 저평가된 채 방치되어 있습니다. 세계의 전문 투자자들은 현금을 보유할 수 있는 비율이 정해져 있습니다. 많아도 5%입니다. 항상 어딘가에 자금을 투자해야만 합니다.

미국 경제는 경기 침체에 빠질지, 아니면 연착륙할지 경계에 놓여 있고, 유럽은 우크라이나 전쟁, 이스라엘 전쟁 등 지정

학적 리스크에 시달리고 있습니다. 자산을 배분할 수 있는 대상으로, 우려 사항이 적은 일본에 시선이 쏠리기 쉬운 상황이 되어 있습니다.

저는 수년 전부터 「일본을 투자 대상에서 제외하지 말고, 자산을 해외로 도피시키지 말라」는 말씀을 드려 왔습니다. 2023년 봄에는 워렌 버핏이 일본 상사 5개 사의 주식을 매입한 것을 계기로 일본 주식이 세계 주가 상승을 견인했습니다. 그리고 2024년 2월에는 사상 최고가를 경신하는 움직임이 나타났습니다. 전체 자산을 해외로 옮겨버린 분들은 이 상승을 누릴 수 없게 된 것입니다.

주가를 움직이는 요인은 한두 가지가 아닙니다. 어떤 요인이 주가를 움직이는 요인이 될지는 타이밍에 따라서도 바뀝니다. 새로운 요인이 등장할 가능성은 항상 존재합니다. 누구도 사전에 예상하지 못했던 일이 크게 주가를 흔드는 일도 적지 않습니다.

2020년 초 시점에 코로나로 사회가 봉쇄될 것을 예측할 수 있었던 사람이 있었을까요? 2022년 초 시점에 러시아가 우크라이나를 침공할 것을 예측할 수 있었던 사람이 있었을까요?

시세를 움직이는 요인은 때로 우리의 상상을 초월합니다. 그러니 겸허해지는 것이 중요합니다.

함정 8 밸류에이션 지표로 종목을 고르는 것

PER이나 PBR 등 해당 종목이 저평가인지 고평가인지를 나타내는 지표를 밸류에이션 지표라고 부릅니다. 밸류에이션 지표로 저평가된 종목을 선택하는 투자 스타일을 가치 투자라고 부릅니다.

하지만 가치 투자라고 해도, 본래는 지표만 보고 종목을 선택하는 것은 아니라는 사실을 모르는 분들이 많습니다. 밸류에이션 지표는 투자 판단에 필요한 정보의 극히 일부에 지나지 않습니다.

주가가 싸다면, 싸게 방치되어 있는 이유가 있습니다. 「지금은 어떤 이유로 저평가된 가격에 거래되고 있지만, 앞으로 시장이 이 회사의 가치를 깨닫고 상승할 것」이라고 꿰뚫어 보는 것이 가치 투자입니다.

밸류에이션 지표로 저평가되었다고 나타나는 것은 현재 주가의 저평가성만을 나타낼 뿐입니다. 가치 투자의 성패를 결정하는 것은 「앞으로 어떤 일이 발생해야, 현재 저평가된 채 방치된 이 회사의 가치를 시장이 깨닫고 매수하기 시작할지를 간파하는」 안목입니다.

이것을 간파하지 못하면 「가치 함정」에 빠지게 됩니다. 가치 함정이란, 주가가 계속 오르지 않고 계속 저평가된 채 방치된 종목을 계속 보유하게 되는 것입니다. 이것이 가치 투자가 성장 투자보다 어렵다고 말하는 이유입니다. 현재의 저평가성을 체크하는 것은 첫걸음에 불과하며, 그 후의 전개를 파악하는 것이 중요합니다.

밸류에이션 지표 순위 1위부터 사들이는 일은 전문 가치 투자자는 절대로 하지 않습니다. 만약 이 방법으로 투자를 하고 계신 분이나, 과거에 어딘가에서 그렇게 배웠다면, 자산이 늘어나지 않는 원인이 여기에 있을 가능성도 있으니 점검해 보시기 바랍니다.

가치 투자에서 저가에 방치되었던 주가가 상승하는 계기를 「촉매(Catalyst)」라고 부릅니다. 촉매를 간파하는 것은 재무 분석을 통해 회사의 안정성과 성장성을 조사하고, 경영자에게 이야기를 듣는 등 아직 재무제표에도 나타나지 않은 「미래의 촉매 씨앗」을 조사함으로써 가능해집니다. 미래의 일이고 실적이 아니므로, 그것을 나타내는 지표는 없으며, 재무제표를 봐도 어디에도 적혀 있지 않습니다.

기업이나 비즈니스를 둘러싼 환경은 끊임없이 변화하므로, 정성 분석으로 선별하는 것이 가치 투자에서는 특히 중요해집니다.

정성 분석 안에도 다양한 항목이 있습니다. 예를 들면, 시시각각 변하는 외부 환경에 어떻게 대응해 나갈지, 경영진에게 선견지명이 있는지, 경쟁력은 어떤지, 배당 정책 등 주주 환원 징책은 일관성이 있는지, 자본 구성이나 자본 효율에 신경을 쓰고 있는지, 인재 개발이나 인적 자본에 대한 투자 등 장래 성장을 가져올 시책을 취하고 있는지 등입니다.

업계에 따라서도 보는 항목은 다릅니다. 이러한 정성 분석을 수행하지 않고 정량 분석만으로 투자할 기업을 결정하는 것은 가치 함정에 빠질 가능성을 높이며 매우 위험합니다.

장래적으로 투자 신탁뿐만 아니라 개별 종목 투자도 염두에 둔다면, 정량 분석과 정성 분석, 저평가성 파악, 성장성 파악, 그리고 이들에 영향을 미치는 「세계 투자 환경 전망하기」를 종합적으로 배우는 것을 추천합니다. 제가 주최하는 인생 디자인 구축 학교에서는 이들을 종합적으로 배울 수 있습니다. 관심 있는 분은 문을 두드려 보시기 바랍니다.

함정 9 지인의 입소문에 의존하는 것

포트폴리오 검토 상담을 오시는 분들에게 왜 이 종목이나 펀드를 샀는지 물어보면 「지인의 추천으로」라고 답변하는 경우가 많습니다. 자신보다 투자에 대해 잘 아는 듯한 지인이 추천하면 초보자들은 덜컥 손을 대기 쉽습니다.

특히 「이 정보는 아무나 얻을 수 없다」「당신에게만 특별히 알려주는 것이다」와 같은 말을 한다면 더욱 주의해야 합니다.

좋은 정보일수록 재벌 자산가들은 우선 자기 자산을 투입하는 것을 우선하므로, 일반 투자자에게까지 돌아오지 않습니다.

또한, 소개해 준 지인이 믿을 만한 사람이니까 신용하는 것도 위험합니다. 그 친구도 속고 있을 수 있기 때문입니다. 상담을 오시는 분들 중 상당수가 「지인 추천으로 위험한 줄 모르고 투자했다가 큰돈을 날렸다」는 이야기를 듣습니다.

누군가로부터 추천을 받았을 때는, 어떤 투자 안건인지, 무엇이 수익의 원천인지를 스스로 잘 조사하는 것이 중요합니다.

조사해도 모르겠다면, 버핏의 투자 철학을 떠올리십시오. 「자신이 이해할 수 없는 것은 사지 않는다」는 철학이 당신의 자산을 지켜줄 것입니다.

함정 10 금융기관 상담사가 추천하는 것을 사는 것

금융기관 상담 창구나 영업 담당자가 추천하는 상품은 그 금융기관에게 이익이 큰 것이지 반드시 투자자에게 최적인 상품은 아닌 경우가 많습니다.

또한, 판매 기간 중에는 금융기관에도 할당된 실적이 있어, 상담 창구에 온 모든 고객에게 캠페인 중인 같은 펀드를 추천하고 있을 수도 있습니다.

여러 번 말씀드렸듯이, **그 펀드가 자신에게 맞는지 여부는 자신의 리스크 허용도나 자산 총액, 투자 목적, 투자 기간, 현재 보유 중인 포트폴리오 정보 등 세부적인 정보가 없으면 결정할 수 없는 것**입니다. 모두에게 같은 것을 추천하고 있다는 점에서 고객에게 최적인 상품을 추천하고 있지 않다는 것을 알 수 있습니다.

이제는 투자하는 데 필요한 정보는 모두 인터넷에서 얻을 수 있습니다. 스스로 펀드를 선택할 수 있도록 금융 이해력을 갖추도록 합시다.

함정 11 퇴직금이나 상속받은 거액을 한 번에 투자하는 것

퇴직금이나 상속받은 거액을 한 번에 투자하는 것은 피해야 할 투자 행동중 첫 번째입니다. 아끼던 퇴직금 전액을 투입했다가 모두 잃었다는 이야기를 자주 듣습니다.

이를 피하기 위해 할 수 있는 것 중 하나가 「분산」입니다. 움직임이 다른 (음의 상관관계에 있는) 복수의 자산 클래스에 분산 투자함으로써 한 번에 모두 잃을 위험성을 줄일 수 있습니다.

지금까지 분산에도 다양한 관점이 있음을 알려드렸습니다. 그중에서도 시간의 분산은 자산 클래스의 분산과 함께 장기간 안정적인 수익을 확보할 수 있는 매우 유효한 방법입니다. 여기서는 「시간의 분산」의 장점을 이해시키기 위해 「달러-비용 평균법(DCA, Dollar-Cost Averaging)」에 대해 자세히 설명하겠습니다.

퇴직금으로 「달러-비용 평균법」의 장점을 누리자

「달러-비용 평균법(DCA)」이란, 정기적으로 일정한 금액을 투자함으로써 구매 비용을 최소로 억제하고 효율적인 자산 형성을 목표로 하는 투자 기법 중 하나입니다. 매월 같은 금액을 투자해 나가기 때문에, 가격이 높을 때는 자동으로 구매 수량이 적어지고, 가격이 하락할 때는 자동으로 구매 수량이 많아져 평균 구매 단가를 낮출 수 있습니다.

우리는 평소 쇼핑을 할 때도 가격이 오르면 구매를 자제하고, 싸지면 많이 사두려고 합니다. 이와 마찬가지로 투자에서도 쌀 때 가능한 한 많이 사고, 비쌀 때는 사는 수량을 줄임으로써 평균 구매 비용을 낮추는 것이 유리합니다.

달러-비용 평균법은 스스로 수량을 조정할 필요 없이 「결과적으로 그렇게 된다」는 것이 핵심입니다. 예를 들어, 매월 어떤 투자 신탁에 1만 엔을 투자하기로 결정했다고 가정해 봅시다.

투자 신탁의 기준 가격이 2,000엔인 달에는 5좌를 사고, 다음 달 기준 가격이 1,000엔으로 하락하면 자동으로 10좌를 사게 됩니다.

이 경우 평균 구매 비용은 (2,000 × 5 + 1,000 × 10) / 15로 계

산되어, 1좌당 1,333엔이 됩니다.

반면, 한 번에 2만 엔을 모두 투자했을 경우, 기준 가격 2,000엔에 10좌를 샀을 것이며 구매 비용은 1좌당 2,000엔입니다. 두 달에 걸쳐 매월 1만 엔씩 나누어 구매함으로써, 처음에 전액 투입했을 때보다 평균 구매 비용을 667엔이나 낮춘 셈입니다.

또한, 처음에 2,000엔에 전액 구매하고 다음 달에 1,000엔으로 하락했을 경우, 자산 2만 엔의 가치는 1만 엔으로 반토막이 납니다. 하지만 두 달에 나누어 구매했다면 첫 달에 투입한 1만 엔의 가치는 5,000엔이 되지만, 새로 투입한 1만 엔의 가치는 그대로 유지되므로 전 재산은 1만 5,000엔이 됩니다. 결과적으로 한 번에 구매했을 때보다 재산을 더 많이 보전한 상태가 됩니다.

이처럼 「달러-비용 평균법」을 사용하면 시장이 크게 변동하는 국면에서도 자산을 안정적으로 지켜내기가 훨씬 수월해집니다.

【달러-비용 평균법의 장점】

- 정기적인 투자이므로, 자기 판단에 의한 타이밍 선택이 불필요하여 투자 초보자도 쉽게 시작할 수 있음
- 시장의 변동성이 클 때도 자산을 보전하기 쉬움

- 장기적인 투자에 적합하므로, 노후 자금을 만들고 싶은 분에게 적합함

【달러-비용 평균법의 단점】

- 시세가 꾸준히 매월 상승을 계속하는 국면에서는 처음에 일괄 구매하는 것이 수익이 더 높아짐
- 매월 투자를 하기 때문에 어떤 이유로든 투자를 하지 못하는 달이 생기면 투자 기회를 잃게 됨
- 단기적으로 상승률이 높아셨을 때, ㄱ 기간 동안 투자하지 않은 금액이 있어 투자 기회를 100% 누릴 수 없음

달러-비용 평균법은 단기 투자에는 적합하지 않지만, 노후 자금 마련 등 장기 투자가 목적이라면 장점이 더 커집니다. 그리고 매월의 변동성이 심할수록 그 매력은 높아집니다.

퇴직금 2,000만 엔을 받았다면, 한 번에 전액 투자하는 것이 아니라 예를 들어 200만 엔씩 10개월에 걸쳐 투자함으로써 달러-비용 평균법의 장점을 누릴 수 있을 것입니다.

함정 12 자동 매매 시스템에 의존하는 것

AI 기술의 진보가 급속히 이루어지면서 다양한 용도로 활용되기 시작했습니다. 투자 세계에서도 자동 매매 시스템이나 자동 포트폴리오 구축 등 AI의 힘을 빌린 상품들이 속속 등장하고 있습니다.

하지만 투자 세계에 한해서는, 아직까지 AI가 구축하는 포트폴리오나 자동 매매 시스템을 활용한 운용이 인간을 뛰어넘는 수준에 도달하지 못했다고 느껴집니다.

장래적으로는 자동 매매 시스템이 인간을 능가할지도 모릅니다. 하지만 그렇게 되었을 때에도 AI가 무엇을 어떻게 생각하고 매매했는지 전혀 모르는 상태로 자산을 맡긴다면, 이는 워런 버핏이 경고하는 「이해할 수 없는 것을 사는 것」과 같은 상태가 됩니다.

AI가 제시한 제안에 대해 스스로 시장 변동 상황을 분석하고, 때로는 거부권을 발동할 수 있어야 합니다. 즉, AI에 의해 사용되는 것이 아니라 「AI를 구사하는 투자자」가 되는 것이 장래적으로 매우 중요해질 것입니다. 앞으로 아무리 AI가 발달하더라도 「금융 이해력」을 높이는 노력은 반드시 필요하다고 저는 생각합니다.

함정 13　NISA는 무조건 해야 한다고 생각하는 것

이것은 놀라는 분들이 많겠지만, 일본 정부가 국민의 「저축에서 투자로」의 전환을 돕기 위해 만든 소액투자 비과세 제도인 NISA는 누구나 무조건 해야 하는 것이 아닙니다. 운용 목적이나 운용 기간 등 조건에 따라서는 불리해지는 사람도 있으며, 사용 방법을 잘못하면 안 하는 것보다 못할 수도 있으므로 주의가 필요합니다.

흔한 오해는 NISA를 투자 상품이라고 생각하는 것입니다. NISA는 투자 상품이 아니라 「제도의 명칭」입니다. NISA 대상 투자 상품에 투자하면 이익에 부과되는 세금이 비과세되는 제도입니다. 2024년 1월부터는 새로운 NISA가 등장했습니다. 아래에 「신 NISA」의 장점과 단점을 정리했으니 참고하십시오.

신 NISA의 장점

일본의 신 NISA는 한국의 ISA(개인종합자산관리계좌)와 유사한 구조를 가진 제도로, 일본 투자자들의 시행착오를 통해 미래의 투자 기회와 위험을 미리 점검해 보시기 바랍니다.

① 연간 비과세 투자 한도가 360만 엔으로 대폭 증가

신 NISA에서는 연간 투자할 수 있는 금액이 늘어났습니다. 2023년까지의 일반 NISA는 연간 120만 엔, 적립식 NISA는 연간 40만 엔이 상한이었으나, 신 NISA는 최대 360만 엔으로 크게 확대되었습니다. 구체적으로는 「성장 투자 한도」가 연간 240만 엔, 「적립식 투자 한도」가 연간 120만 엔입니다.

② 비과세 보유 기간이 무기한으로

2023년까지의 일반 NISA는 최장 5년, 적립식 NISA는 최장 20년으로 정해져 있던 「이익이 비과세되는 기간」이, 신 NISA에서는 무기한이 되어 이전보다 장기적인 투자가 가능해졌습니다.

③ 비과세 보유 한도액이 1,800만 엔 (그중 성장 투자 한도는

1,200만 엔)으로 확대

신 NISA에서는 이익이 비과세되는 자산 총액이 늘어났습니다. 2023년까지의 일반 NISA는 600만 엔, 적립식 NISA는 800만 엔이 비과세되는 총액이었지만, 신 NISA에서는 1,800만 엔까지 대폭 인상되었습니다. 이 중 성장 투자 한도로 투자할 수 있는 것은 최대 1,200만 엔까지입니다. 여기에 적립식 투자 한도 600만 엔도 활용하면 최대 1,800만 엔까지 한도가 있습니다. 성장 투자 한도에서도 적립식 투자는 가능하므로, 적립식으로 하여 양쪽 한도까지 전부 사용하면 비과세 한도를 최대로 활용할 수 있습니다.

단, 다음 상품들은 성장 투자 한도의 대상 상품에서 제외.

- 정리, 관리 종목으로 지정된 상장 주식
- 매월 분배형 투자 신탁
- 고 레버리지형 상품
- 신탁 기간 20년 미만의 투자 신탁

이를 단점으로 꼽는 분들도 있지만, 저는 희소식이라고 생각합니다. 왜냐하면, 이들은 장기 투자 포트폴리오에 넣고 싶지 않은 상품들이기 때문입니다.

월지급식 펀드를 비추천하는 이유

월지급식 펀드는 매월 분당금을 받을 수 있다는 점은 좋지만, 장기 투자에는 적합하지 않습니다. 투자는 현재의 현금 흐름을 풍요롭게 하기 위해 하는 것이 아닙니다.

손에 쥔 자금의 가치를 높이는 것이 투자이자 자산 운용입니다. 100만 엔을 투자하여 10% 수익 10만 엔이 났다고 가정할 때, 그중 3%를 분당금으로 지급받으면 재투자할 수 있는 금액은 7%인 7만 엔으로 줄어듭니다. 이 3만 엔의 차이가 10년 후, 20년 후에 큰 자산 가치 차이를 만들어냅니다. 인출해 버린 3만 엔분은 복리 효과를 누릴 수 없게 되기 때문입니다.

자산을 늘리는 것을 목적으로 투자하고 있는데, 분당금을 받으면 손에 쥔 현금 흐름을 늘리는 결과가 되고, 그것을 기뻐하며 써버린다면 본래 목적인 「자산을 늘리는 것」에서 멀어집니다.

수익에서 분당금을 지급할 수 있는 동안은 괜찮지만, 시기에 따라서는 약속한 분당금을 충당할 만큼의 수익을 달성하지 못할 수도 있습니다. 3% 분당금을 지급한다고 광고하더라도, 수익이 1%라면 어떨까요? 2%분이 분당 재원으로서 부족합니다. 이것을 어디서 가져오느냐 하면, 원금을 헐어서 지급합니다.

원래 자신의 돈이고, 게다가 투자금으로 내놓았던 돈인데, 매월 그것이 지급 재원으로 사용되고 있습니다. 그만큼 자산은 줄어들고 있는 상황이 되는 펀드도 적지 않습니다. 하지만 그것을 눈치채지 못하고, 분당금이 나오면 기뻐하며 그것을 써버립니다. 그것은 투자의 수익이 아니라 원래 자신의 돈입니다.

고 레버리지 상품이 비추천되는 이유

고 레버리지 상품에 대해서노, 사산 구축이 목직인 징기 투지에는 적합하지 않으므로 신 NISA의 대상 상품에서 제외된 것은 희소식이라고 생각합니다.

고 레버리지의 구조는 선물이나 옵션 등 파생 상품을 포함한 금융 공학을 구사하여 만들어집니다. 이것들을 이해하는 투자가는 적습니다. 이해하지 못하는 것을 「기대 수익이 높다」는 이유만으로 사고 있는 사람이 정말 많은 것 같습니다. 고 레버리지 상품은 자칭 투자 상급자 분들이 투자하는 경향이 있습니다. 투자 상급자라고 자부하시는 분들 중 혹시 고 레버리지 상품에 투자하고 계신다면, 그 내부 구조를 이해하고 있는지 확인할 것을 권장합니다.

고 레버리지 상품에서 특히 흔한 구조는 저위험·고수익을 노리는 것입니다. 예를 들어 「닛케이 평균이 27,000엔 아래로 떨어지지 않는 한 변동성은 불과 몇 퍼센트입니다. 저위험이죠」라는 식입니다. 그리고 「이제 와서 27,000엔이 될 리는 없어요」라는 설명이 덧붙여집니다.

이 책을 집필하고 있는 2024년 2월 중순 현재, 닛케이 평균은 38,000엔 근방에서 움직이고 있습니다. 대략 30% 하락하면 27,000엔이 됩니다. 리먼 쇼크 때는 주식이 일제히 40%가 넘는 하락을 기록했습니다. 「될 리가 없다」고 했던 금액을 쉽게 깨고 내려간 것입니다. 이때 고 레버리지 상품을 샀던 사람들은 「저위험이라고 하지 않았냐」며 소비자 센터로 달려갔지만 「리스크는 명확히 설명했다」며 문전박대를 당했습니다.

실제로 소비자 센터에 접수되는 투자 관련 상담의 대부분이 파생 상품을 사용한 고 레버리지 상품에 관한 것이라고 합니다. 이는 많은 분들이 왜 저위험·고수익이 가능한지 그 이유를 모르는 채 사고 있다는 증거입니다.

군침이 돌 만큼 수익이 높은 데는 반드시 어떤 이유가 있을 것입니다. 「어떻게 그렇게 높게 만들 수 있는지」를 이해한 후에 구매해야 합니다. 신 NISA에서는 대상 상품에서 제외되었으니 안심입니다. NISA를 통하지 않고 과세 계좌로 선택할 경우에는 정말 주의해야 합니다.

신 NISA의 단점

① 손익 통산 및 이월 공제가 불가능

NISA 외의 과세 계좌에서는 투자로 손실이 발생했을 경우 다른 이익과 상쇄하는 「손익 통산」이 가능합니다. 100만 엔 이익이 났고 30만 엔 손실이 났다면, 과세 소득은 70만 엔으로 끝납니다.

반면, NISA 계좌에서는 이익이 나도 이익이 없었던 것으로 간주되어 세금이 부과되지 않으므로, 손실이 발생한 경우도 손실이 없었던 것으로 간주됩니다. 따라서 NISA 계좌에서 손실이 나도 다른 이익과 상쇄하는 손익 통산이 불가능합니다. 또한, 과세 계좌에서는 확정 신고로 손실을 최장 3년간 이월하여 다음 해 이후의 이익에서 공제할 수 있는 「이월 공제」 제도가 있지만, 이것도 NISA 계좌에서는 사용할 수 없습니다.

이러한 점들은 지금까지 과세 계좌를 사용해 온 투자자들에게는 단점이 될 것입니다.

② 스스로 선택할 수 있는 안목이 요구됨

신 NISA에서는 매월 분배금이 있는 펀드나 고 레버리지 펀드는 제외되었지만, 고배당 펀드, 고배당 주식, IPO 투자 등은 선택 가능한 투자 대상에 포함되어 있습니다. 이들 역시 분배금과 같은 이유로 장기 투자에는 선택하지 않는 것이 좋으며, 초보자에게는 다루기 어려운 상품입니다. 신 NISA의 성장 투자 한도 운용처로 추천되는 경우가 많으므로, 자신의 목적에 맞는지 스스로 판단할 필요가 있습니다. 노후 자산 구축이 목적이라면, 목적에 맞지 않다고 말할 수 있을 것입니다.

신 NISA를 이용할 경우에도 리스크 허용도를 초과하지 않도록

신 NISA의 투자 대상 상품에는 액티브 펀드와 패시브 펀드 모두 포함되어 있습니다. 이 차이를 모르고 포트폴리오에 편입하면, 모르는 사이에 자신의 리스크 허용도를 초과하는 포트폴리오가 되거나, 운용사에 지불하는 신탁 보수(수수료)가 높아지거나 모르는 사이에 계속 지불하는 일이 발생할 수 있습니다.

사려고 하는 것이 액티브인지 패시브인지, 또한 액티브라면 어디에 수익의 원천이 있는지 (성장주에 투자한다면 기업의 성장이 수익의 원천, 가치주에 투자한다면 저평가된 상태에서 벗어나는 것이 수익의 원천입니다)를 스스로 확실히 구별할 수 있을 만큼의 지식이 필요합니다.

구별할 뿐만 아니라, 어느 쪽이 자신에게 필요한 투자인지 판단할 수 있을 만큼의 지식도 필요합니다. 신 NISA를 시작하더라도 공부하지 않고 투자를 하는 것은 정말 위험합니다. 세간이나 인터넷상의 평판이 좋다는 이유로 쉽게 상품을 선택하지 않도록 힙시다.

그 투자 상품의 리스크-수익 특성과 리스크가 자신의 리스크 허용도 내에 있는지 확인하는 것을 잊지 말아 주시기 바랍니다.

여기서 제시한 것은 신 NISA의 일반적인 장점과 단점입니다. 가족 구성이나 연령 등 각자의 상황에 따라서도 달라집니다. 자신의 경우에 어떤지 확인하는 것이 중요합니다. 재무 설계사 중에서도 이러한 상담을 해줄 수 있는 사람만 있는 것은 아닙니다. 상담할 때는 투자 이론을 공부한 적이 있고, 그것을 확실히 이해하며, 포트폴리오 운용 지식과 실적이 풍부한 분에게 의뢰하십시오. 투자 세계는 의료 업계와 마찬가지로 정보의 비대칭성이 높은 영역입니다. 누구에게 배우는지가 명암을 가릅니다.

마지막 말

끝까지 읽어주셔서 감사합니다.

이 책은 전문 투자자가 실천하고 있는「포트폴리오 매니지먼트」라는 자산 형성 방법을 개인 투자자 여러분에게 전달하기 위해 집필되었습니다.

포트폴리오 관리를 올바르게 실천하면 경제적 자립도 꿈이 아니라는 것을 이해하셨으리라 생각합니다.

마지막으로, 다시 한번 여러분이 생각해 주셨으면 하는 것이 있습니다.

「당신이 자산 형성을 하는 목적은 무엇입니까?」

경제적 자립을 위해서라고 한다면,

「왜 당신은 경제적 자립을 하고 싶습니까?」

경제적 자립을 달성하면 평생 돈 걱정 없이 행복하고 즐겁게, 고생 없이 살아갈 수 있다고 생각하기 때문일까요? 하지만 이 책의 제1부를 떠올려 보십시오.

경제적 자립을 하고 FIRE를 한다고 해도, 그것이 반드시 행복으로 가는 티켓을 손에 넣은 것은 아니었습니다.

아무리 자산을 구축해도, 그것을 헐어 써야 하는 노년이 되면 돈에 대한 불안은 사라지지 않고 오히려 나이를 먹을수록 불안이 커집니다.

또한, FIRE로 인해 「어떤 분야의 프로도 아니게 되는 것」은 행복에서 멀어지는 원인이 될 수도 있습니다. 인간은 자신의 가치관에 맞는 일(활동), 즐겁게 할 수 있는 일, 인생의 미션이라고 생각하는 일을 할 때 행복을 느끼기 때문입니다.

그렇기에 저는 여러분에게 경제적 자립 후에도 일은 은퇴하지 않는 생활, 「밸류 파이어」를 목표로 하기를 제안했습니다.

경제적 자립 후에도 일하면서 투자를 계속하면 액티브 수입과 패시브 수입의 이중 소득이 되어 자산은 가속도로 늘어납니다. 인생의 마지막까지 자산이 고갈될 것이라는 불안에 시달리지 않고, 자녀나 손주에게 의존하지 않는 자립된 일상을 걸어갈 수 있을 것입니다.

이를 실현하기 위해서는 가능한 한 빠른 단계에서 「가치관에 맞는 일」에 종사하는 것입니다. 가치관에 맞는 직장으로 이직하든, 창업하든, 지금의 일에서 그것을 발견하든, 방법은 무엇이든 상관없습니다. 그것과 동시에 포트폴리오를 구축하여 자산 운용을 합니다.

경제적 자립을 달성했을 때에도 「계속 일하고 싶다!」고 생각할 수 있는 일을 가지고 있다면, 당신의 노년은 경제적으로도 정신적으로도 풍요로워질 것입니다.

자신이 가치를 느끼고, 재능을 발휘할 수 있으며, 하면서 즐겁다고 느끼는 것. 돈 때문이 아니라, 하고 싶어서 하는 그런 인생을 만들어 나갑시다.

저는 2011년 암에서 회복된 후, 남은 인생을 「가치관을 축으로, 더 재능을 살리는 삶의 방식을, 스스로 디자인하여 사는 삶의 방식을 일본에 전파하는 것」을 미션으로 2013년에 퇴직하고 창업했습니다. 50세 가까운 나이에 그것이 가능했던 것은 경제적 자립을 했기 때문입니다.

단 한 번뿐인 인생입니다.

부디 여러분들도 포트폴리오 매니지먼트를 계속하면서, 평생에 걸쳐 몰두하고 싶은 미션을 찾아내시기를 바랍니다.

2024년 2월

사야 타카고로모

사야 타카고로모(高衣 紗彩, Saya Takagoromo)

홍콩과 영국의 글로벌 금융 환경에서 실무를 익힌 베테랑 펀드매니저입니다. 영국 MBA 취득 후, 외국계 자산운용사에서 20년 이상 주식 및 경제 분석을 담당하며 4,000억 엔(약 3조 7,000억 원) 규모의 기관 투자자 펀드를 총괄 운용했습니다.

글로벌 금융 위기(리먼 쇼크) 당시 심리학과 뇌 과학을 접목한 매니지먼트로 팀의 구조 조정을 막아냈으며, 이후 인간 행동학의 권위자 닥터 디마티니를 사사하며 투자와 철학을 결합한 독보적인 영역을 개척했습니다. 2011년 암 4기 판정을 받았으나 이를 극복한 후, 「가치관을 축으로 삶을 스스로 디자인하는 법을 전수하겠다」는 사명으로 독립했습니다.

현재는 저자만의 독창적인 「인생 디자인 구축 메서드®」를 통해, 전문적인 「현대 포트폴리오 이론」을 개인 투자자의 눈높이에 맞춰 전하고 있습니다. 그가 설립한 <인생 디자인 구축 학교>는 현재까지 670명이 넘는 졸업생을 배출하며, 돈에 대한 불안에서 해방되어 진정한 가치를 실현하는 「밸류 파이어」의 삶을 증명해내고 있습니다.

- 주식회사 미션 믹케 인생 디자인 연구소® 대표이사
  https://missionmikke.com
- 일반사단법인 인생 디자인 아카데미 협회® 대표이사
- 인생 디자인 구축 학교® 학장
  https://missionmikke.com/school/jds/
- 금융 이해력(Financial Literacy) 향상 세미나 주최자.

평생 돈 걱정 없이 사는 사람이 된다

자산을 불리는 포트폴리오 매니지먼트,
인생을 디자인하는 밸류 파이어

초판 발행	2026년 3월 20일
지은이	사야 타카고로모
옮긴이	정유진
발행인	김예은
발행처	노엔북
주 소	서울특별시 서초구 강남대로53길 8 11층
전 화	050-71319-8560
팩 스	050-4211-8560
출판등록일	2018년 7월 27일
등록번호	제2018-000072호
E-mail	nonbookkorea@gmail.com

ISBN 979-11-90462-80-8 [03320]

Korean translation copyright © 2026, nonbook, Printed in Korea